Microondas Express

Cocina fácil y sabrosa en minutos

Carmen Martínez

Contenido

sopa de patata italiana 14
Sopa de tomate fresco y apio 15
Sopa de tomate con salsa de aguacate 16
Sopa fría de cebolla y queso 17
sopa de queso al estilo suizo 18
sopa de avgolemon 19
Sopa cremosa de pepino con pastis 20
Sopa de curry con arroz 21
Vichysoise 22
Sopa fría de pepino con yogur 23
Sopa fría de espinacas con yogur 24
Sopa de tomate congelada salada 25
Sopa de pescado de Nueva Inglaterra 26
sopa de cangrejo 27
Sopa de cangrejo y limón 28
Sopa de langosta 28
Sopa de paquete seco 29
lata de sopa condensada 29
Calentando sopas 29
Calentar huevos para cocinar 30
Huevos hervidos 30
Huevos fritos (escalfados) 31

piperada *32*
Con Piperade Gammon *33*
Piperada... *33*
huevos florentinos *34*
Huevo Cocido Rossini *35*
huevos revueltos de berenjena.. *35*
Una tortilla clásica *37*
tortilla sazonada *38*
Tortilla para el almuerzo... *39*
Huevo cocido con queso fundido *40*
Huevos Benedict *41*
Tortilla Arnold Bennett.. *41*
Tortilla *42*
Tortilla española con verduras mixtas *43*
tortilla española con jamón... *44*
Huevos salados en salsa de apio *44*
Huevos Fu Yung... *45*
tortilla de pizza *46*
Tortilla de soufflé... *47*
Tortilla Soufflé De Limón *48*
Tortilla de soufflé de naranja *48*
Tortilla soufflé de almendras y albaricoques *49*
Tortilla de soufflé de frambuesa.. *49*
Tortilla de soufflé de fresas *49*
Tortilla soufflé con guarniciones....................................... *50*
huevo frito con nata *50*
huevo frito napoles... *51*

Fondue de queso *51*
Fondue con sidra *53*
Fondue con jugo de manzana *53*
Fondue rosa *53*
Fondue ahumado *53*
fondue de cerveza alemana *54*
Fondue con fuego *54*
fondue de curry *54*
Fondue *54*
Fondue de queso y tomate... *55*
Fondue de queso *56*
Fondue con sidra *57*
Fondue con jugo de manzana *57*
Fondue rosa *57*
Fondue ahumado *58*
fondue de cerveza alemana *58*
Fondue con fuego *58*
fondue de curry *59*
Fondue *59*
Fondue de queso y tomate... *59*
Divertida fondue de queso y apio *60*
Fondue italiana de queso, nata y huevo *61*
por el Fondo Agrícola Holandés *62*
Fondo de Homestead con una patada *63*
Huevos fritos a la flamenca *64*
Budín de pan, mantequilla, queso y perejil *65*
Budín de pan con mantequilla, queso y perejil con anacardos *66*

Budín de cuatro quesos con pan y mantequilla 66
Crujientes de huevo y queso 67
Budín de tomate y queso al revés... 68
pasteles de pizza.. 69
Perca de jengibre con cebolla 70
Paquetes de trucha... 71
Gallo de mar que brilla intensamente con frijoles finos 72
Camarones resplandecientes con tirabeques 73
Bacalao de Normandía a la sidra y Calvados............................... 74
Paella de Pescado.. 76
Arenque empapado 78
Marinas Moules 79
Caballa con salsa de ruibarbo y pasas.. 81
Arenque con salsa de sidra de manzana..................................... 82
Carpa en salsa de gelatina 83
Rollpug con albaricoques 84
patrón hecho 85
Langostinos Madrás 86
Rollos de lenguado martini con salsa.. 87
Raguu de conchas con nueces 89
Caldo de Bacalao... 91
Bacalao ahumado en Hot-pot 92
Rape en salsa dorada de crema de limón................................... 92
Lenguado en salsa dorada de crema de limón 94
Salmón Holandés 94
Holandesa de salmón con cilantro 95
Copos de mayonesa de salmón 96

Filete de salmón al estilo mediterráneo *97*
Kedgeree con curry *98*
Kedgeree con salmón ahumado *99*
Quiche De Pescado Ahumado *100*
Gumbo de camarones de Luisiana *101*
Gumbo de pescado de mar *102*
Gumbo de Pescado Mixto *102*
Trucha con almendras *103*
Gambas de Provenza *104*
Platija en salsa de apio con almendras tostadas *105*
Filete en salsa de tomate con mejorana *106*
Solomillo en salsa de champiñones con berros *106*
Bacalao mezclado con huevos revueltos *107*
Merluza y verduras a la sidra *109*
pastel de playa *110*
Toppers de pescado ahumado *112*
Filete de Coley con mermelada de puerro y limón *113*
Pescado de mar en una chaqueta *114*
Bacalao a la sueca con mantequilla derretida y huevo *115*
Stroganoff de marisco *116*
Stroganoff de atún fresco *118*
Suprema de ragú de pescado blanco *118*
Espuma de salmón *120*
Espuma de salmón para personas que hacen dieta *122*
Mañana de cangrejo *122*
Mañana de atún *123*
Mornay de salmón rojo *123*

Una combinación de mariscos y nueces. 124
Anillo de salmón con eneldo 126
Anillo de pescado mixto con perejil 127
Bacalao estofado con bacon y tomate 128
Pescado Lieknej 129
Pollo frito 131
pollo frito glaseado 132
Pollo Tex-Mex 133
Gallina de coronación 134
Pollo Verónica 135
Pollo en salsa de vinagre con estragón 136
Pollo frito danés con relleno de perejil 137
simla de pollo 137
Pollo picante con coco y cilantro 138
conejo picante 139
Pavo picante 139
Bredie de pollo con tomates 140
Pollo hervido rojo chino 141
Alitas de pollo aristocráticas 142
chow mein de pollo 143
Chuleta Suey De Pollo 144
Pollo chino marinado rápido 144
Pollo de Hong Kong con vegetales mixtos y brotes de soja 145
Pollo con salsa Golden Dragon 146
Alitas de pollo al jengibre con ensalada 147
Pollo al coco de Bangkok 148
pollo Satay 149

pollo con maní *150*
pollo indio con yogur *151*
pollo japonés con huevo *152*
Estofado De Pollo A La Portuguesa *153*
Estofado de pollo picante al estilo inglés *154*
Compromiso Pollo Tandoori *154*
Pastel de queso con mantequilla de frutas y nueces *157*
Pastel de jengibre enlatado *158*
Pastel de jengibre en lata con naranja *159*
Pastel de miel con nueces *160*
Pastel de miel de jengibre *162*
Pastel de sirope de jengibre *163*
Pan de jengibre tradicional *163*
pan de jengibre naranja *165*
Tarta de café con albaricoque *165*
Tarta romana de piña *166*
rica torta navideña *167*
Un pastel Simnel rápido *169*
pastel de semillas *170*
pastel de frutas sencillo *172*
Tarta de dátiles y nueces *173*
pastel de zanahoria *174*
pastel de chirivía *176*
Pastel de calabaza *176*
Monitor de sarna escandinava *177*
Pan de té de frutas *179*
Pastel de sándwich Victoria *180*

pastel de nuez *181*

Pastel de algarroba *182*

Torta de chocolate sencilla *183*

Tarta de almendras *183*

Victoria Sándwich Gâteau *183*

Galleta de té de jardín de infantes *184*

Bizcocho de limón *185*

Galleta de naranja *186*

pastel de espresso *186*

Pastel de café espresso con helado de naranja *187*

Pastel de crema de café expreso *188*

Pasteles de taza de pasas *188*

Pastelitos de coco *189*

pasteles de chocolate *189*

Pastel de plátano y especias *190*

Pastel de especias de plátano con piña *191*

glaseado de crema de mantequilla *192*

Glaseado de dulce de chocolate *192*

Cuñas de salud fetal *193*

Rodajas de frutas enteras con albaricoques *194*

Pastel de césped *195*

Tarta de masa supercrujiente *195*

Tarta de masa muy blanda *196*

Pastel picante *196*

pastelería al estilo holandés *196*

bolas de canela *196*

Caños dorados de coñac *197*

Bocadillos de marca de chocolate 199
bollos.. 199
Scones de muffin de pasas 201
Pan... 201
masa de pan basica.. 202
Masa básica de pan integral... 203
Masa básica de pan de leche 203
pan de pan.. 204
panecillos... 204
Panes de hamburguesa 205
Rollos de frutas dulces 205
Distrito de Cornualles 205
Hermosos rollos 206
rollos con accesorios 206
pan de comino 207
pan de centeno 207
pan de aceite 208
pan italiano 208
pan español 208
Pan tikka masala.. 209
Pan de malta afrutado 210
Pan de soda Irlandes 212
Pan de soda con salvado 213
Revive el pan duro 213
pita griega.. 213
Cerezas en gelatina en puerto 214
Gelatina en sidra de cereza 215

piña caliente *216*
Frutas calientes de Sharon *217*
duraznos calientes *217*
peras rosas *218*
pudín de Navidad *219*
o budín de ciruelas *220*
Budín de ciruelas con aceite *220*

sopa de patata italiana

Sirve 4-5

1 cebolla grande, picada
30 ml/2 cucharadas de aceite de oliva o de girasol
4 papas grandes
1 hueso de jamón cocido pequeño
1,25 litros / 2¼ pt / 5½ tazas de caldo de pollo caliente
Sal y pimienta negra recién molida
60 ml/4 cucharadas de crema de un solo uso (ligera)
Nuez moscada
30 ml/2 cucharadas de perejil picado

Coloque la cebolla y el aceite en un tazón de 2.25 cuartos/4 pintas/10 tazas. Cocine sin tapar en el modo de descongelación durante 5 minutos, revolviendo dos veces. Mientras tanto, pela y ralla las patatas. Remueve la cebolla y añade el hueso de jamón, el caldo caliente y salpimienta al gusto. Tapar con una placa y cocinar en Horno Completo durante 15-20 minutos, removiendo dos veces, hasta que las patatas estén blandas. Mezclar la nata, verter en tazones de sopa y espolvorear con nuez moscada y perejil.

Sopa de tomate fresco y apio

Sirve 6-8

900 g de tomates maduros, escaldados, pelados y cortados en cuartos
50 g / 2 oz / ¼ taza de mantequilla o margarina o 30 ml / 2 cucharadas de aceite de oliva
2 tallos de apio, finamente picados
1 cebolla grande, finamente picada
30 ml/2 cucharadas de azúcar moreno blando oscuro
5 ml/1 cucharadita de salsa de soja
2,5 ml / ½ cucharadita de sal
300 ml/½ pinta/1¼ taza de agua caliente
30 ml/2 cucharadas de harina de maíz (fécula de maíz)
150 ml / ¼ pt / 2/3 taza de agua fría
Jerez medio

Haga puré los tomates con una licuadora o procesador de alimentos. Coloque mantequilla, margarina o aceite en un recipiente de 1.75 cuartos/3 pintas/7½ tazas. Calentar completamente durante 1 minuto. Agregue el apio y la cebolla. Cubra con un plato y cocine durante 3 minutos completos. Agregue el puré de tomates, el azúcar, la salsa de soya, la sal y el agua caliente. Tape como antes y cocine durante 8 minutos completos, revolviendo cuatro veces. Mientras tanto, mezcle la harina de maíz con agua fría hasta que quede suave. Revuelva en la sopa. Cocine sin tapar a fuego máximo durante 8 minutos, revolviendo cuatro veces. Vierta en tazones de sopa y agregue un chorrito de jerez a cada uno.

Sopa de tomate con salsa de aguacate

8 porciones

2 aguacates maduros
Zumo de 1 lima pequeña
1 diente de ajo, picado
30 ml/2 cucharadas mayonesa de mostaza
45 ml / 3 cucharadas de crema fresca
5 ml/1 cucharadita de sal
Una pizca de cúrcuma
600 ml/20 fl oz/2 latas de sopa de tomate condensada
600 ml/1 pt/2½ tazas de agua tibia
2 tomates, blanqueados, pelados, sin semillas y cortados en cuartos

Pela los aguacates y córtalos por la mitad, quitando los huesos (huesos). Haga un puré fino de la pulpa, luego mezcle con jugo de lima, ajo, mayonesa, crème fraîche, sal y cúrcuma. Cubra y refrigere hasta que se necesite. Vierta ambas latas de sopa en una olla de 1,75 cuartos (3 pt / 7½ tazas). Batir suavemente en agua. Cortar la pulpa del tomate en tiras y verter dos tercios en la sopa. Cubra el plato con un plato y cocine durante 9 minutos completos hasta que esté muy caliente, revolviendo cuatro o cinco veces. Sirva en tazones de sopa y cubra cada uno con un cucharón de salsa de aguacate. Adorne con las tiras de tomate restantes.

Sopa fría de cebolla y queso

Sirve 6-8

25 g / 1 oz / 2 cucharadas de mantequilla o margarina
2 cebollas, picadas
2 tallos de apio, finamente picados
30 ml/2 cucharadas. harina simple (para todo uso)
900 ml/1½ cucharaditas/3¾ tazas de caldo tibio de pollo o vegetales
45 ml/3 cucharadas de vino blanco seco o de oporto blanco
Sal y pimienta negra recién molida
125 g / 4 oz / 1 taza de queso azul, desmenuzado
125 g / 4 oz / 1 taza de queso cheddar rallado
150 ml/¼ pt/2/3 taza de nata para montar
Salvia finamente picada para decorar

Coloque la mantequilla o la margarina en un recipiente de 2,25 cuartos / 4 pintas / 10 tazas. Descongele, sin tapar, en modo descongelar durante 1½ minutos. Agregue la cebolla y el apio. Cubra con un plato y cocine durante 8 minutos completos. Retire del microondas. Agregue la harina, luego agregue gradualmente el caldo y el vino o el oporto. Tape como antes y cocine por completo durante 10-12 minutos, batiendo cada 2-3 minutos, hasta que la sopa esté suave, espesa y

caliente. Sazone al gusto. Agregue los quesos y revuelva hasta que se derrita. Cubra y deje enfriar, luego refrigere por varias horas o toda la noche. Antes de servir, mezcle e incorpore suavemente la crema.
Vierta en tazas o tazones y espolvoree cada uno con un poco de salvia.

sopa de queso al estilo suizo

Sirve 6-8

25 g / 1 oz / 2 cucharadas de mantequilla o margarina
2 cebollas, picadas
2 tallos de apio, finamente picados
30 ml/2 cucharadas. harina simple (para todo uso)
900 ml/1½ cucharaditas/3¾ tazas de caldo tibio de pollo o vegetales
45 ml/3 cucharadas de vino blanco seco o de oporto blanco
5 ml/1 cucharadita de comino
1 diente de ajo, picado
Sal y pimienta negra recién molida
225 g / 8 oz / 2 tazas de queso emmental o gruyère (suizo), rallado
150 ml/¼ pt/2/3 taza de nata para montar
Crutones

Coloque la mantequilla o la margarina en un recipiente de 2,25 cuartos / 4 pintas / 10 tazas. Descongele, sin tapar, en modo descongelar durante 1½ minutos. Agregue la cebolla y el apio. Cubra con un plato y cocine durante 8 minutos completos. Retire del microondas. Agregue la harina, luego agregue gradualmente el caldo y el vino o el oporto.

Agregue el comino y el ajo. Cubra como antes y cocine Full durante 10-12 minutos, batiendo cada 2-3 minutos, hasta que la sopa esté caliente, suave y espesa. Sazone al gusto. Agregue el queso y revuelva hasta que se derrita. Agregue la crema. Vierta en tazas o tazones y sirva caliente, adornado con picatostes.

sopa de avgolemon

Para 6

1,25 litros / 2¼ pt / 5½ tazas de caldo de pollo caliente
60 ml/4 cucharadas de arroz para risotto
Jugo de 2 limones
2 huevos grandes
Sal y pimienta negra recién molida

Vierta el caldo en un plato hondo de 1.75 cuartos / 3 pt / 7½ tazas. Agregue el arroz. Tapar con una placa y cocinar a Horno Completo durante 20-25 minutos hasta que el arroz esté blando. Bate bien el jugo de limón y los huevos en una olla para sopa u otro plato grande para servir. Vierta suavemente el caldo y el arroz. Sazonar antes de servir.

Sopa cremosa de pepino con pastis

Sirve 6-8

900 g/2 libras de pepinos, pelados
45 ml/3 cucharadas de mantequilla o margarina
30 ml/2 cucharadas de harina de maíz (fécula de maíz)
600 ml / 1 pt / 2½ tazas de caldo de pollo o vegetales
300 ml / ½ pt / 1¼ tazas de crema batida
7,5-10 ml / 1½-2 cucharaditas de sal
10 ml/2 cucharaditas Pernod o Ricard (pasta)
Pimienta negra recién molida
Eneldo picado (tillium brohi)

Corta el pepino en rodajas muy finas con un rallador o un procesador de alimentos. Coloque en un tazón, cubra y deje reposar durante 30 minutos para liberar parte de la humedad. Escurra lo más seco posible con una toalla limpia (paño de cocina). Coloque la mantequilla o la margarina en un recipiente de 2,25 cuartos / 4 pintas / 10 tazas. Descongele, sin tapar, en modo descongelar durante 1½ minutos. Agregue el pepino. Cubra con un plato y cocine durante 5 minutos completos, revolviendo tres veces. Mezcle la harina de maíz con un poco de caldo hasta que quede suave, luego vierta el resto del caldo. Incorporar el pepino poco a poco. Cocine, sin tapar, a fuego máximo durante unos 8 minutos, revolviendo tres o cuatro veces, hasta que la sopa esté caliente, suave y espesa. Añadir la nata, la sal y la pasta y mezclar bien. Caliente sin tapar por un total de 1-1.5 minutos. Sazonar con pimienta al gusto.

Sopa de curry con arroz

Para 6

Una sopa de pollo anglo-india deliciosamente suave.

30 ml/2 cucharadas de aceite de cacahuete o de girasol

1 cebolla grande, picada

3 tallos de apio, finamente picados

15 ml/1 cucharada de polvo de curry suave

30 ml/2 cucharadas de jerez medio seco

1 litro / 1¾ pt. / 4¼ tazas de caldo de pollo o vegetales

125 g/4 oz/½ taza de arroz de grano largo

5 ml/1 cucharadita de sal

15 ml/1 cucharada de salsa de soja

175 g / 6 oz / 1½ tazas de pollo cocido, cortado en tiras

Yogur espeso sin sabor o crème fraîche para servir

Vierta el aceite en un recipiente de 2,25 litros / 4 pt / 10 tazas. Caliente, tapado, hasta que esté listo, 1 minuto. Agrega la cebolla y el apio. Cocine sin tapar a fuego alto durante 5 minutos, revolviendo una vez. Mezcle curry en polvo, jerez, caldo, arroz, sal y salsa de soja. Tapar con una placa y cocinar en Horno Completo durante 10 minutos, removiendo dos veces. Agrega el pollo. Cubra como antes y cocine Full durante 6 minutos. Vierta en tazones y cubra cada uno con yogur o crème fraîche.

Vichysoise

Para 6

Una versión fría de alta calidad de la sopa de puerros y papas, inventada por el chef estadounidense Louis Diat a principios del siglo XX.

2 pares
350 g/12 oz de patatas, peladas y en rodajas
25 g / 1 oz / 2 cucharadas de mantequilla o margarina
30 ml/2 cucharadas de agua
450 ml / ¾ pt / 2 tazas de leche
15 ml/1 cucharada de harina de maíz (fécula de maíz)
150 ml / ¼ pt / 2/3 taza de agua fría
2,5 ml / ½ cucharadita de sal
150 ml/¼ pt/2/3 taza de crema simple (ligera)
Ajo picado, adornado

Cortar el puerro, cortar la mayoría de las verduras. Cortar el resto y lavar bien. Cortar grueso. Coloque en una olla de 2 cuartos/3½ pt/8½ tazas con las papas, la mantequilla, la margarina y el agua. Cubra con una placa y cocine en Horno completo durante 12 minutos, revolviendo cuatro veces. Coloque en una licuadora, agregue la leche y mezcle hasta obtener un puré. Volvamos a la copa. Mezcle la harina de maíz con agua hasta que quede suave y agréguela al recipiente. Sazone al gusto con sal. Cocine sin tapar a fuego alto durante 6 minutos, batiendo cada minuto. Dejar enfriar. Agregue la crema. Cubra y refrigere bien. Sirva en tazones y espolvoree cada porción con cebollino.

Sopa fría de pepino con yogur

Sirve 6-8

25 g / 1 oz / 2 cucharadas de mantequilla o margarina
1 diente de ajo grande
1 pepino, pelado y rallado grueso
600 ml/1 pt/2½ tazas de yogur natural
300 ml/½ pt/1¼ taza de leche
150 ml / ¼ pt / 2/3 taza de agua fría
2,5-10 ml / ½-2 cucharaditas de sal
Menta picada para decorar

Coloque la mantequilla o la margarina en un plato de 1,75 cuartos/3 pintas/7½ tazas. Caliente, tapado, hasta que esté listo, 1 minuto. Presiona el ajo y agrega el pepino. Cocine, sin tapar, a fuego alto durante 4 minutos, revolviendo dos veces. Retire del microondas.

Agregue todos los ingredientes restantes. Cubra y refrigere por varias horas. Vierta en tazones y espolvoree cada porción con menta.

Sopa fría de espinacas con yogur

Sirve 6-8

25 g / 1 oz / 2 cucharadas de mantequilla o margarina
1 diente de ajo grande
450 g/1 lb de hojas de espinaca baby, picadas
600 ml/1 pt/2½ tazas de yogur natural
300 ml/½ pt/1¼ taza de leche
150 ml / ¼ pt / 2/3 taza de agua fría
2,5-10 ml / ½-2 cucharaditas de sal
Jugo de 1 limón
Decorar con nuez moscada rallada o nueces molidas

Coloque la mantequilla o la margarina en un plato de 1,75 cuartos/3 pintas/7½ tazas. Caliente, tapado, hasta que esté listo, 1 minuto. Presione el ajo y agregue las espinacas. Cocine, sin tapar, a fuego alto durante 4 minutos, revolviendo dos veces. Retire del microondas. Mezcle en un puré grueso con una licuadora o procesador de alimentos. Agregue todos los ingredientes restantes. Cubra y refrigere por varias horas. Sirva en tazones y espolvoree cada porción con nuez moscada o nueces molidas.

Sopa de tomate congelada salada

Sirve 4-5

300 ml/½ pinta/1¼ taza de agua
300 ml/10 fl oz/1 lata de sopa de tomate condensada
30 ml/2 cucharadas de jerez seco
150 ml/¼ pt/2/3 taza de crema doble (pesada)
5 ml/1 cucharadita de salsa Worcestershire
Ajo picado, adornado

Vierta el agua en un recipiente de 1,25 litros / 2¼ pt / 5½ tazas y caliente al máximo sin tapar durante 4-5 minutos hasta que empiece a burbujear. Vierta la sopa de tomate. Una vez que esté completamente combinado, mezcle bien el resto de los ingredientes. Cubra y refrigere por 4-5 horas. Mezclar, verter en recipientes de vidrio y espolvorear cada uno con cebollino.

Sopa de pescado de Nueva Inglaterra

Sirve 6-8

Siempre servidas para el desayuno de los domingos en América del Norte, las almejas son el clásico por excelencia, pero dado que las almejas no son tan fáciles de conseguir, se ha sustituido por pescado blanco.

5 rebanadas de tocino rayado (rebanadas), picadas en trozos grandes
1 cebolla grande, pelada y rallada
15 ml/1 cucharada de harina de maíz (fécula de maíz)
30 ml/2 cucharadas de agua fría
450 g/1 lb de papas, cortadas en cubos de 1 cm/½
900ml/1½ pts/3¾ tazas de leche entera caliente
450 g/1 lb de solomillo firme, sin piel y cortado en trozos pequeños
2,5 ml/½ cucharadita de nuez moscada molida
Sal y pimienta negra recién molida

Coloque el tocino en un tazón de 2.5 cuartos/4½ pintas/11 tazas. Agregue la cebolla y cocine sin tapar a fuego máximo durante 5 minutos. Mezcle la harina de maíz con agua hasta que quede suave y mezcle en un tazón. Agregue las papas y la mitad de la leche caliente. Cocine sin tapar a fuego alto durante 6 minutos, revolviendo tres veces. Agregue el resto de la leche y cocine sin tapar durante 2 minutos. Añadir el pescado con la nuez moscada y sazonar. Cubrir con una placa y cocinar en Horno Completo por 2 minutos hasta que el pescado esté tierno. (No se preocupe si el pescado comienza a desmenuzarse). Sirva en tazones hondos y coma de inmediato.

sopa de cangrejo

Para 4 personas

25 g / 1 oz / 2 cucharadas de mantequilla sin sal (dulce)
20 ml/4 cucharaditas de harina normal (para todo uso)
300 ml/½ pt/1¼ taza de crema de leche tibia
300 ml/½ pinta/1¼ taza de agua
2,5 ml/½ cucharadita de mostaza inglesa
Un poco de salsa picante
25 g / 1 oz / ¼ taza de queso cheddar rallado
175 g/6 oz de carne de cangrejo clara y oscura
Sal y pimienta negra recién molida
45 ml/3 cucharadas de jerez seco

Coloque la mantequilla en un recipiente de 1.75 cuartos 3 cuartos / 7½ tazas. Descongele durante 1-1,5 minutos mientras descongela. Agregue la harina. Cocine sin tapar a fuego máximo durante 30 segundos. Mezclar la leche y el agua poco a poco. Cocine, sin tapar, a temperatura alta durante 5-6 minutos hasta que esté suave y espesa, batiendo cada minuto. Mezclar todos los ingredientes restantes. Cocine sin tapar durante 1½ a 2 minutos, revolviendo dos veces, hasta que esté caliente.

Sopa de cangrejo y limón

Para 4 personas

Prepárelo como para la sopa de cangrejo, pero agregue 5 ml/1 cucharadita de ralladura de limón finamente rallada con el resto de los ingredientes. Espolvorea un poco de nuez moscada rallada en cada porción.

Sopa de langosta

Para 4 personas

Haga como una sopa de cangrejo, pero reemplace la leche con crema simple (ligera) y la carne de cangrejo con carne de langosta picada.

Sopa de paquete seco

Vierta el contenido del paquete en un recipiente de 1,25 cuartos/2¼ pintas/5½ tazas. Mezcle gradualmente la cantidad recomendada de agua fría. Tape y deje reposar durante 20 minutos para ablandar las verduras. Mezclar todo junto. Cubra con un plato y cocine durante 6-8 minutos en Full, revolviendo dos veces, hasta que la sopa hierva y espese. Deje reposar durante 3 minutos. Mezclar y servir.

lata de sopa condensada

Vierta la sopa en una jarra medidora de 1,25 cuartos / 2¼ pintas / 5½ tazas. Agrega 1 lata de agua hirviendo y bate bien. Cubrir con un plato o plato y calentar en Full durante 6-7 minutos, batiendo dos veces, hasta que la sopa hierva. Verter en tazones y servir.

Calentando sopas

Para obtener los mejores resultados, recaliente las sopas claras o diluidas en Completo y las sopas y caldos cremosos en Descongelar.

Calentar huevos para cocinar

Invaluable si decide hornear en el último minuto y necesita huevos a temperatura ambiente.

Para 1 huevo: batir el huevo en un tazón pequeño o taza. Perfore la yema dos veces con un pincho o la punta de un cuchillo para evitar que la piel se rasgue y la yema se reviente. Cubrir el recipiente o taza con un plato. Caliente durante 30 segundos mientras se derrite.

Para 2 huevos: como para 1 huevo, pero calentar durante 30-45 segundos.

Para 3 huevos: como para 1 huevo, pero calentar durante 1-1¼ min.

Huevos hervidos

Se cocinan mejor por separado dentro de las comidas.

Para 1 huevo: Vierta 90 ml/6 cucharadas de agua caliente en un recipiente poco profundo. Agregue 2,5 ml/½ cucharadita de vinagre suave para evitar que la luz se propague. Rompe con cuidado 1 huevo, batido primero, en una taza. Perforar la yema dos veces con una brocheta o con la punta de un cuchillo. Cubra con un plato y hornee en Full durante 45 segundos a 1¼ minutos, dependiendo de la cantidad de proteína que desee. Deje reposar por 1 minuto. Retire del recipiente con el filete de pescado perforado.

Para 2 huevos cocinados en 2 platos a la vez: cocina completamente durante 1½ minutos. Deje reposar durante 1¼ minutos. Si las claras están demasiado líquidas, cocine por otros 15-20 segundos.

Para 3 huevos, cocidos a la vez en 3 platos: cocine completamente durante 2-2½ minutos. Deje reposar durante 2 minutos. Si las claras están demasiado líquidas, cocine por otros 20-30 segundos.

Huevos fritos (escalfados)

El microondas hace un gran trabajo aquí y los huevos salen suaves y esponjosos, siempre con el lado soleado hacia arriba y con bordes blancos que nunca se curvan. No se recomienda freír más de 2 huevos a la vez, porque las yemas se cocinan más rápido que las claras y se endurecen. Esto se debe al mayor tiempo de cocción requerido para que las proteínas se coagulen. Utilice porcelana o loza sin ningún tipo de decoración, como se hace en Francia.

Para 1 huevo: engrase ligeramente un plato pequeño de porcelana o cerámica con mantequilla derretida, margarina o un poco de aceite de oliva ligero. Rompa un huevo en una taza y colóquelo en el recipiente preparado. Perforar la yema dos veces con una brocheta o con la punta de un cuchillo. Sazone ligeramente con sal y pimienta negra recién molida. Cubra con un plato y cocine durante 30 segundos completos. Deje reposar por 1 minuto. Continúe cocinando por otros 15-20 segundos. Si la proteína no está lo suficientemente configurada, cocine por otros 5-10 segundos.

Para 2 huevos: lo mismo que 1 huevo, pero primero hierva durante 1 minuto completo, luego deje reposar durante 1 minuto. Cocine por otros 20-40 segundos. Si las claras no están lo suficientemente rígidas, espere otros 6-8 segundos.

piperada

Para 4 personas

30 ml/2 cucharadas de aceite de oliva
3 cebollas, en rodajas muy finas
2 pimientos verdes (búlgaros), sin hueso y finamente picados
6 tomates, blanqueados, pelados, sin semillas y picados
15 ml/1 cucharada de hojas de albahaca picadas
Sal y pimienta negra recién molida
6 huevos grandes
60 ml/4 cucharadas de crema doble (pesada)
tostar, servir

Vierta el aceite en un plato hondo de 25 cm/10 de diámetro y caliente sin tapar en modo Completo durante 1 minuto. Agregue la cebolla y el pimentón. Cubra con un plato y cocine en Descongelar durante 12-14 minutos hasta que las verduras estén blandas. Agregue los tomates y la albahaca y sazone. Cubra como antes y cocine Full por 3 minutos. Batir bien los huevos y la nata y sazonar. Verter en un recipiente y mezclar con las verduras. Cocine, sin tapar, a fuego alto durante 4-5 minutos, hasta que esté ligeramente dorado, revolviendo cada minuto. Cubra y deje reposar durante 3 minutos antes de servir con crotones crujientes.

Con Piperade Gammon

Para 4 personas

Prepárelo como para las piperas, pero agregue una cucharada de pan tostado (al vapor) y cubra cada uno con una sartén (rebanada) de jamón a la parrilla (frito) o en el microondas.

Piperada

Para 4 personas

Versión española de Piperade.

Prepárelo como piperada, pero agregue 2 dientes de ajo picados a las verduras cocidas junto con las cebollas y las verduras (pimientos) y agregue 125 g / 4 oz / 1 taza de jamón picado en trozos grandes. Adorne cada porción con rodajas de aceitunas rellenas.

huevos florentinos

Para 4 personas

450 g/1 libra de espinacas frescas cocidas
60 ml/4 cucharadas de nata montada
4 huevos revueltos, hervidos 2 a la vez
300 ml/½ pt/1¼ taza de salsa picante de queso o salsa Mornay
50 g / 2 oz / ½ taza de queso rallado

Combine las espinacas y la crema en un procesador de alimentos o licuadora. Cubra una fuente para hornear poco profunda de 18 cm/7 cm untada con mantequilla. Cubrir con un plato y calentar en Full durante 1½ minutos. Coloque los huevos encima y cubra con salsa picante. Espolvorea con queso y asa en una parrilla caliente (asador).

Huevo Cocido Rossini

SERVICIO 1

Es un elegante almuerzo ligero con una ensalada de hojas.

Freír (saltear) o tostar rebanadas peladas de pan integral. Untar encima un paté de hígado suave, un poco de trufa si el precio lo permite. Cubra con huevos duros recién escalfados y sirva de inmediato.

huevos revueltos de berenjena

Para 4 personas

Una idea israelí que funciona bien para el microondas. El sabor es extrañamente poderoso.

750 g/1½ lb berenjenas (berenjenas)

15 ml/1 cucharada de jugo de limón

15 ml/1 cucharada de aceite de maíz o de girasol

2 cebollas, finamente picadas

2 dientes de ajo, picados

4 huevos grandes

60 ml/4 cucharadas de leche

Sal y pimienta negra recién molida

Tostadas calientes con mantequilla, servidas

Corta la parte superior y la cola de la berenjena por la mitad. Colocar en un plato grande, con los lados cortados hacia abajo y cubrir con papel de cocina. Cocine a fuego alto durante 8-9 minutos o hasta que estén tiernos. Saque la pulpa de las pieles directamente en un procesador de alimentos con el jugo de limón y haga puré hasta que quede grueso. Vierta el aceite en un recipiente de 1,5 cuartos/2½ pintas/6 tazas. Caliente destapado durante 30 segundos. Agregue la cebolla y el ajo. Cocine sin tapar a fuego máximo durante 5 minutos. Batir los huevos con la leche y sazonar bien. Vierta en un recipiente y cocine con cebolla y ajo durante 2 minutos completos, revolviendo cada 30 segundos. Mezclar la cebolla y el ajo y verter el puré de berenjenas. Continúe cocinando, sin tapar, a fuego alto durante 3 a 4 minutos, revolviendo cada 30 segundos, hasta que la mezcla espese y los huevos estén batidos.

Una tortilla clásica

Sirve 1

Una tortilla de textura ligera que se puede servir tanto sola como rellena.

Mantequilla o margarina derretida
3 huevos
20 ml/4 cucharaditas de sal
Pimienta negra recién molida
30 ml/2 cucharadas de agua fría
Perejil o berro, adornado

Engrase un molde poco profundo de 20 cm/8 de diámetro con mantequilla o margarina derretida. Batir muy bien los huevos con todos los ingredientes restantes menos la guarnición. (No basta con batir ligeramente los huevos, como en las tortillas tradicionales.) Verter en un recipiente, tapar con un plato y meter en el microondas. Cocine durante 1½ minutos completos. Abra y revuelva suavemente la mezcla de huevo con una cuchara o tenedor de madera, llevando los bordes parcialmente fraguados hacia el centro. Cubrir como antes y volver al microondas. Cocine durante 1½ minutos completos. Destape y continúe cocinando durante 30-60 segundos o hasta que la parte superior esté lista. Doblar en tercios y colocar en un plato caliente. Adorne y sirva inmediatamente.

tortilla sazonada

Sirve 1

Tortilla de perejil: prepárelo como una tortilla clásica, pero espolvoree 30 ml/2 cucharadas de perejil picado sobre los huevos durante el primer minuto y medio después de cocinar la tortilla.

Tortilla De Cebollino: haga como una tortilla clásica, pero después de que la tortilla se haya cocinado durante los primeros minutos y medio, espolvoree 30 ml/2 cucharadas de ajo picado sobre los huevos.

Tortilla de berros: haga como una tortilla clásica, pero después de que la tortilla se haya cocinado durante el primer minuto y medio, espolvoree 30 ml/2 cucharadas de berro picado sobre los huevos.

Tortilla con finas hierbas: Prepárelo como para una tortilla clásica, pero después de que la tortilla se haya cocinado durante el primer minuto y medio, espolvoree 45ml/3 cucharadas de perejil picado, cereza y albahaca sobre los huevos. También puedes añadir un poco de estragón fresco.

Tortilla frita con cilantro: haz como una tortilla clásica, pero bate los huevos y el agua con 5-10ml/1-2 cucharaditas de curry en polvo, sal y pimienta. Mientras la tortilla se cocina durante los primeros 1,5 minutos, espolvorea 30 ml/2 cucharadas de cilantro picado sobre los huevos.

Tortilla de queso y mostaza: preparar como una tortilla clásica, pero batir los huevos y el agua con 5 ml/1 cucharadita de mostaza preparada y 30 ml/2 cucharadas de queso duro rallado muy fino y de buen sabor, sin sal y pimienta.

Tortilla para el almuerzo

Sirve 1-2

Una tortilla al estilo norteamericano que tradicionalmente se sirve para el almuerzo del domingo. La tortilla de desayuno se puede condimentar y rellenar como una tortilla clásica.

Prepárelo como una tortilla clásica, pero reemplace 30 ml / 2 cucharadas de agua con 45 ml / 3 cucharadas de leche fría. Una vez destapado, cocine a temperatura máxima durante 1-1½ minutos. Doblar en tres partes y colocar con cuidado en un plato.

Huevo cocido con queso fundido

Sirve 1

1 rebanada de pan tostado con mantequilla caliente
45 ml/3 cucharadas de queso crema
Salsa de tomate (ketchup)
1 huevo batido
60-75ml/4-5 cucharadas de queso rallado
pimenton

Unte el queso crema sobre las tostadas, luego la salsa de tomate. Colocar en un plato. Pintar la parte superior con huevo batido, luego espolvorear con queso rallado y espolvorear con pimentón. Caliente sin tapar en el modo Descongelar durante 1-1,5 minutos hasta que el queso comience a derretirse. Come ahora.

Huevos Benedict

Sirve 1-2

Ningún brunch dominical norteamericano está completo sin Eggs Benedict, una mezcla brutalmente rica de huevos que desafía todas las restricciones de calorías y colesterol.

Rebane y tueste un panecillo o panqueque. Cubra con un trozo (rebanada) de tocino suave frito convencionalmente (tostado), luego cepille ambos lados con un huevo recién escalfado. Cepille con salsa holandesa, luego espolvoree ligeramente con paprika. Come ahora.

Tortilla Arnold Bennett

Sirve 2

Se dice que fue creado por el jefe de cocina del Hotel Savoy de Londres en honor al famoso escritor. Esta es una tortilla monumental y memorable para cualquier día y celebración especial.

175 g / 6 oz eglefino ahumado o filete de bacalao
45 ml/3 cucharadas de agua hirviendo
120 ml / 4 fl oz / ½ taza de crema fresca
Pimienta negra recién molida
Mantequilla o margarina derretida, con una brocha

3 huevos

45 ml/3 cucharadas de leche fría

Una pizca de sal

50 g / 2 oz / ½ taza de queso cheddar de color o rojo Leicester, rallado

Coloque el pescado en un recipiente poco profundo con agua. Cubra con un plato y cocine durante 5 minutos completos. Deje reposar durante 2 minutos. Escurrir y triturar la pulpa con un tenedor. Agregue crème fraîche y sazone con pimienta. Engrase un plato hondo de 20 cm/8 de diámetro con mantequilla o margarina derretida. Batir bien los huevos con la leche y la sal. Verter en un recipiente. Cubrir con un plato y cocinar Full durante 3 minutos, moviendo los bordes hacia el centro a la mitad de la cocción. Tape y cocine a fuego máximo durante otros 30 segundos. Untar con la mezcla de pescado y crema y espolvorear con queso. Cocine, sin tapar, a fuego alto durante 1-1,5 minutos, hasta que la tortilla esté caliente y el queso se derrita. Dividir en dos porciones y servir inmediatamente.

Tortilla

Sirve 2

La famosa tortilla española es redonda y plana como una tortita. Va bien con rebanadas de pan o bollos y una ensalada verde crujiente.

15 ml/1 cucharada de mantequilla, margarina o aceite de oliva

1 cebolla, finamente picada

175 g / 6 oz de papas hervidas en cubos

3 huevos

5 ml/1 cucharadita de sal

30 ml/2 cucharadas de agua fría

Agregue mantequilla, margarina o aceite a un plato hondo de 20 cm/8 de diámetro. Caliente durante 30-45 segundos mientras se derrite. Agregue la cebolla. Cubra con un plato y cocine en Descongelar durante 2 minutos. Agregue las papas. Cubra como antes y cocine Full por 1 minuto. Retire del microondas. Batir bien los huevos con sal y agua. Vierta uniformemente sobre las cebollas y las papas. Cocine sin tapar a fuego máximo durante 4,5 minutos, girando la sartén una vez. Deje reposar durante 1 minuto, luego divida en dos porciones y coloque cada porción en un plato. Come ahora.

Tortilla española con verduras mixtas

Sirve 2

30 ml/2 cucharadas de mantequilla, margarina o aceite de oliva

1 cebolla, finamente picada

2 tomates, pelados y picados

½ pequeño verde o rojo (pimiento) finamente picado

3 huevos

5-7,5 ml / 1-1,5 cucharaditas de sal

30 ml/2 cucharadas de agua fría

Agregue mantequilla, margarina o aceite a un plato hondo de 20 cm/8 de diámetro. Caliente en modo Descongelar durante 1½ minutos.

Mezclar la cebolla, los tomates y el pimiento picado. Cubra con un plato y cocine en Descongelar durante 6-7 minutos hasta que esté suave. Batir bien los huevos con sal y agua. Vierta uniformemente sobre las verduras. Cubra con un plato y cocine en la sartén, volteando una vez, durante 5-6 minutos, hasta que los huevos estén listos. Divida en dos porciones y coloque cada porción en un plato. Come ahora.

tortilla española con jamón

Sirve 2

Haga una tortilla española con verduras mixtas, pero agregue 60 ml/4 cucharadas de jamón español secado al aire picado en trozos grandes y 1-2 dientes de ajo machacados a las verduras y cocine durante 30 segundos más.

Huevos salados en salsa de apio

Para 4 personas

Un almuerzo o cena breve, apto para vegetarianos.

6 huevos grandes duros (cocidos), pelados y cortados por la mitad

300 ml/10 fl oz/1 lata de sopa de apio
45 ml/3 cucharadas de crema de leche
175 g / 6 oz / 1½ tazas de queso cheddar rallado
30 ml/2 cucharadas de perejil finamente picado
Sal y pimienta negra recién molida
15 ml/1 cucharada de pan rallado tostado
2,5 ml / ½ cucharadita de pimentón

Coloque las mitades de huevo en un plato hondo de 20 cm/8 de diámetro. En un tazón o recipiente aparte, mezcle suavemente la sopa y la leche. Caliente sin tapar por un total de 4 minutos, batiendo cada minuto. Agregue la mitad del queso y caliente sin tapar en Full durante 1-1.5 minutos hasta que se derrita. Agregue el perejil, sazone al gusto, luego vierta sobre los huevos. Espolvorea el resto del queso, el pan rallado y el pimentón encima. Freír en una parrilla caliente (asador) antes de servir.

Huevos Fu Yung

Sirve 2

5 ml/1 cucharada de mantequilla, margarina o aceite de maíz
1 cebolla, finamente picada
30 ml/2 cucharadas. guisantes hervidos
30 ml/2 cucharadas de brotes de soja cocidos o enlatados
125 g/4 oz de champiñones, en rodajas
3 huevos grandes

2,5 ml / ½ cucharadita de sal

30 ml/2 cucharadas de agua fría

5 ml/1 cucharadita de salsa de soja

4 cebollas, finamente picadas

Coloque la mantequilla, la margarina o el aceite en un plato hondo de 20 cm/8 de diámetro y caliente sin tapar en el modo Descongelar durante 1 minuto. Agregue la cebolla picada, cubra con un plato y cocine a máxima potencia durante 2 minutos. Agregue los guisantes, los frijoles y los champiñones. Cubra como antes y cocine por 1½ minutos en Full. Retire del microondas y revuelva. Batir bien los huevos con sal, agua y salsa de soja. Vierta uniformemente sobre las verduras. Cocine sin tapar a fuego máximo durante 5 minutos, volteando dos veces. Deje reposar por 1 minuto. Divida en dos y coloque cada uno en un plato caliente. Adorne con cebolletas y sirva inmediatamente.

tortilla de pizza

Sirve 2

Una pizza novedosa, la base está hecha de una tortilla plana en lugar de masa de levadura.

15 ml/1 cucharada de aceite de oliva

3 huevos grandes

45 ml/3 cucharadas de leche

2,5 ml / ½ cucharadita de sal

4 tomates, blanqueados, pelados y rebanados
125 g / 4 oz / 1 taza de queso Mozzarella, rallado
8 anchoas en conserva en aceite
8-12 aceitunas negras sin hueso

Vierta el aceite en un plato hondo de 20 cm/8 de diámetro y caliente sin tapar en el modo Descongelar durante 1 minuto. Batir bien los huevos con la leche y la sal. Verter en un recipiente y tapar con un plato. Hornee en modo completo durante 3 minutos, moviendo los bordes hacia el centro del plato a la mitad de la cocción. Tape y cocine a fuego máximo durante otros 30 segundos. Cubra con tomates y queso, luego adorne con anchoas y aceitunas. Cocine sin tapar a fuego alto durante 4 minutos, volteando dos veces. Dividir por la mitad y servir inmediatamente.

Tortilla de soufflé

Sirve 2

45 ml/3 cucharadas de mermelada (enlatada)
Azúcar en polvo (confitería).
Mantequilla derretida
3 gotas de jugo de limón
3 huevos grandes, separados
15 ml/1 cucharada de azúcar granulada

Vierta la mermelada en un tazón o taza pequeña. Cubra con un plato y caliente en el modo Descongelar durante 1½ minutos. Retire con cuidado del microondas, cubra y reserve. Cubra una hoja grande de papel resistente a la grasa (encerado) con azúcar en polvo tamizada. Engrasar un plato hondo de 25 cm/10 de diámetro con mantequilla derretida. Agregue jugo de limón a las claras de huevo y bata hasta que se formen picos rígidos. Agregue el azúcar en polvo a las yemas de huevo y bata hasta que esté espesa, ligera y cremosa. Doble suavemente las claras batidas en las yemas de huevo. Vierta en la taza preparada. Cocine sin tapar a fuego máximo durante 3½ minutos. Voltear sobre papel de hornear, cortar una línea por la mitad con un cuchillo y untar la mitad de la tortilla con mermelada tibia. Partir suavemente por la mitad, cortar por la mitad y comer de inmediato.

Tortilla Soufflé De Limón

Sirve 2

Prepárelo como una tortilla soufflé, pero agregue 5 ml/1 cucharadita de ralladura de limón finamente rallada a las yemas de huevo batidas y al azúcar.

Tortilla de soufflé de naranja

Sirve 2

Haga como una tortilla soufflé, pero agregue 5 ml/1 cucharadita de cáscara de naranja finamente rallada a las yemas de huevo batidas y al azúcar.

Tortilla soufflé de almendras y albaricoques

Sirve 2

Haga como una tortilla de soufflé, pero agregue 2,5 ml/½ cucharadita de esencia de almendras (extracto) a las yemas de huevo batidas y al azúcar. Rellénelo con mermelada de albaricoque suave y tibia (enlatada).

Tortilla de soufflé de frambuesa

Sirve 2

Haga como una tortilla de soufflé, pero agregue 2,5 ml/½ cucharadita de esencia de vainilla (extracto) a las yemas de huevo batidas y al azúcar. Agregue 45-60ml/3-4 cucharadas de frambuesas trituradas gruesas mezcladas con azúcar glas al gusto y una pizca de Kirsch o ginebra.

Tortilla de soufflé de fresas

Sirve 2

Haga como una tortilla de soufflé, pero agregue 2,5 ml/½ cucharadita de esencia de vainilla (extracto) a las yemas de huevo batidas y al azúcar. Cubra con 45-60ml/3-4 cucharadas de fresas en rodajas finas, mezcladas con azúcar glas al gusto y 15ml/1 cucharada de licor de chocolate o naranja.

Tortilla soufflé con guarniciones

Sirve 2

Haga como una tortilla soufflé, pero en lugar de doblar la tortilla por la mitad y cortarla, déjela plana y córtela por la mitad. Transfiera cada uno a un plato y cubra con frutas guisadas calientes o una bola de frutas. Servir inmediatamente.

huevo frito con nata

Sirve 1

Este método de preparación de huevos es muy apreciado en Francia, donde se llama oeufs en cocotte. Definitivamente es un excelente aperitivo para la cena, pero también es un almuerzo elegante con tostadas o galletas saladas y una ensalada verde. Para asegurar el éxito, se recomienda cocinar un huevo a la vez en un solo plato.

1 huevo
Sal y pimienta negra recién molida
15 ml / 1 cucharada de nata doble (pesada) o crème fraîche
5 ml/1 cucharadita de perejil, cebollino o cilantro picado muy fino

Engrase un molde pequeño (azucarero) o un plato de suflé separado con mantequilla o margarina derretida. Rompe el huevo con cuidado y perfora la yema dos veces con una aguja o la punta de un cuchillo. Sazone bien al gusto. Cubrir con crema y espolvorear con hierbas. Cubra con un plato y cocine en modo Descongelar durante 3 minutos. Deje reposar durante 1 minuto antes de comer.

huevo frito napoles

Sirve 1

Prepárelo como un huevo frito con cáscara, pero cepille el huevo con 15 ml/1 cucharada. passata (tomates tamizados) y dos aceitunas negras o alcaparras finamente picadas.

Fondue de queso

Para 6

La fondue de queso nacida en Suiza es un favorito después de esquiar en los centros turísticos alpinos o en cualquier otro lugar con nieve profunda en los picos altos. Mojar pan en una olla comunal con queso derretido aromático es una de las maneras más divertidas, entretenidas y relajantes de disfrutar una comida con amigos, y no hay mejor ayudante de cocina que el microondas. Sirva con pequeños trozos de Kirsch y tazas de té de limón caliente para crear un ambiente auténtico.

1-2 dientes de ajo, pelados y cortados por la mitad
175 g / 6 oz / 1½ tazas de queso Emmental, rallado
450 g / 1 lb / 4 tazas de queso Gruyère (suizo), rallado
15 ml/1 cucharada de harina de maíz (fécula de maíz)
300 ml/½ pt/1¼ taza de vino Mosel
5 ml/1 cucharadita de jugo de limón
30 ml / 2 cucharadas Kirsch
Sal y pimienta negra recién molida
Rebanadas de pan francés para mojar

Presione los lados cortados de las mitades de ajo en los lados de un plato de cerámica o vidrio profundo de 2.5 cuartos/4½ pt/11 tazas. O, si desea un sabor más fuerte, presione el ajo directamente en el recipiente. Agregue ambos quesos, harina de maíz, vino y jugo de limón. Cocine, sin tapar, a fuego máximo durante 7-9 minutos, revolviendo cuatro veces, hasta que la fondue comience a burbujear suavemente. Retire del microondas y agregue Kirsch. Sazone bien al gusto. Coloque el plato sobre la mesa y coma el cubo de pan en un tenedor largo para fondue, revolviéndolo en la mezcla de queso, luego retírelo.

Fondue con sidra

Para 6

Prepárelo como para la fondue de queso, pero reemplace el vino con sidra seca y calvados de Kirsch y sirva con cubos de manzana roja y cubos de pan para mojar.

Fondue con jugo de manzana

Para 6

Fondue sin alcohol de sabor suave apta para todas las edades.

Prepárelo como para la fondue de queso, pero reemplace el vino con jugo de manzana y omita el Kirsch. Si es necesario, diluir con un poco de agua caliente.

Fondue rosa

Para 6

Prepárelo como para la fondue de queso, pero sustituya los quesos emmental y gruyère (suizo) por 200 g/7 oz/1¾ taza de queso blanco Cheshire, queso Lancashire y queso Caerphilly, y sustituya el vino blanco rosado.

Fondue ahumado

Para 6

Prepárelo como para la fondue de queso, pero reemplace la mitad del queso Gruyère (suizo) con 200 g/7 oz/1¾ taza de queso ahumado. La cantidad de queso Emmental no cambia.

fondue de cerveza alemana

Para 6

Haga como una fondue de queso, pero reemplace el vino con cerveza y brandy Kirsch.

Fondue con fuego

Para 6

Preparar como para la fondue de queso, pero solo después de la harina de maíz (maicena) agregar 2-3 chiles rojos limpios de semillas y picados muy finamente.

fondue de curry

Para 6

Prepárelo como para la fondue de queso, pero agregue 10-15 ml/2-3 cucharaditas de pasta de curry suave a los quesos y reemplace Kirsch con vodka. Use rebanadas de pan indio caliente para mojar.

Fondue

Sirve 4-6

La versión italiana de la fondue de queso, increíblemente rica.

Haga una fondue de queso, pero reemplace el queso italiano Fontina con queso Gruyère (Suiza) y Emmental, vino blanco seco italiano Mosel y Kirsch marsala.

Fondue de queso y tomate

Sirve 4-6

225 g / 8 oz / 2 tazas de queso cheddar maduro, rallado
125 g / 4 oz / 1 taza de queso Lancashire o Wensleydale, desmenuzado
300 ml/10 fl oz/1 lata de sopa de tomate condensada
10 ml/2 cucharaditas de salsa Worcestershire
Un poco de salsa picante
45 ml/3 cucharadas de jerez seco
Pan ciabatta caliente para servir

Coloque todos los ingredientes, excepto el jerez, en un recipiente de vidrio o cerámica de 1,25 cuartos de galón. Cocine sin tapar en descongelación durante 7-9 minutos, revolviendo tres o cuatro veces, hasta que la fondue se espese uniformemente. Retire del microondas y agregue el jerez. Coma con rebanadas de pan ciabatta tibio.

Fondue de queso

Para 6

La fondue de queso nacida en Suiza es un favorito después de esquiar en los centros turísticos alpinos o en cualquier otro lugar con nieve profunda en los picos altos. Mojar pan en una olla comunal con queso derretido aromático es una de las maneras más divertidas, entretenidas y relajantes de disfrutar una comida con amigos, y no hay mejor ayudante de cocina que el microondas. Sirva con pequeños trozos de Kirsch y tazas de té de limón caliente para crear un ambiente auténtico.

1-2 dientes de ajo, pelados y cortados por la mitad
175 g / 6 oz / 1½ tazas de queso Emmental, rallado
450 g / 1 lb / 4 tazas de queso Gruyère (suizo), rallado
15 ml/1 cucharada de harina de maíz (fécula de maíz)
300 ml/½ pt/1¼ taza de vino Mosel
5 ml/1 cucharadita de jugo de limón
30 ml / 2 cucharadas Kirsch
Sal y pimienta negra recién molida
Rebanadas de pan francés para mojar

Presione los lados cortados de las mitades de ajo en los lados de un plato de cerámica o vidrio profundo de 2.5 cuartos/4½ pt/11 tazas. O, si desea un sabor más fuerte, presione el ajo directamente en el recipiente. Agregue ambos quesos, harina de maíz, vino y jugo de limón. Cocine, sin tapar, a fuego máximo durante 7-9 minutos, revolviendo cuatro veces, hasta que la fondue comience a burbujear suavemente. Retire del microondas y agregue Kirsch. Sazone bien al gusto. Coloque el plato sobre la mesa y coma el cubo de pan en un tenedor largo para fondue, revolviéndolo en la mezcla de queso, luego retírelo.

Fondue con sidra

Para 6

Prepárelo como para la fondue de queso, pero reemplace el vino con sidra seca y calvados de Kirsch y sirva con cubos de manzana roja y cubos de pan para mojar.

Fondue con jugo de manzana

Para 6

Fondue sin alcohol de sabor suave apta para todas las edades.

Prepárelo como para la fondue de queso, pero reemplace el vino con jugo de manzana y omita el Kirsch. Si es necesario, diluir con un poco de agua caliente.

Fondue rosa

Para 6

Prepárelo como para la fondue de queso, pero sustituya los quesos emmental y gruyère (suizo) por 200 g/7 oz/1¾ taza de queso blanco Cheshire, queso Lancashire y queso Caerphilly, y sustituya el vino blanco rosado.

Fondue ahumado

Para 6

Prepárelo como para la fondue de queso, pero reemplace la mitad del queso Gruyère (suizo) con 200 g/7 oz/1¾ taza de queso ahumado. La cantidad de queso Emmental no cambia.

fondue de cerveza alemana

Para 6

Haga como una fondue de queso, pero reemplace el vino con cerveza y brandy Kirsch.

Fondue con fuego

Para 6

Preparar como para la fondue de queso, pero solo después de la harina de maíz (maicena) agregar 2-3 chiles rojos limpios de semillas y picados muy finamente.

fondue de curry

Para 6

Prepárelo como para la fondue de queso, pero agregue 10-15 ml/2-3 cucharaditas de pasta de curry suave a los quesos y reemplace Kirsch con vodka. Use rebanadas de pan indio caliente para mojar.

Fondue

Sirve 4-6

La versión italiana de la fondue de queso, increíblemente rica.

Haga una fondue de queso, pero reemplace el queso italiano Fontina con queso Gruyère (Suiza) y Emmental, vino blanco seco italiano Mosel y Kirsch marsala.

Fondue de queso y tomate

Sirve 4-6

225 g / 8 oz / 2 tazas de queso cheddar maduro, rallado
125 g / 4 oz / 1 taza de queso Lancashire o Wensleydale, desmenuzado
300 ml/10 fl oz/1 lata de sopa de tomate condensada
10 ml/2 cucharaditas de salsa Worcestershire
Un poco de salsa picante
45 ml/3 cucharadas de jerez seco
Pan ciabatta caliente para servir

Coloque todos los ingredientes, excepto el jerez, en un recipiente de vidrio o cerámica de 1,25 cuartos de galón. Cocine sin tapar en descongelación durante 7-9 minutos, revolviendo tres o cuatro veces, hasta que la fondue se espese uniformemente. Retire del microondas y agregue el jerez. Coma con rebanadas de pan ciabatta tibio.

Divertida fondue de queso y apio

Sirve 4-6

Haga una fondue de queso y tomate, pero reemplace la sopa de tomate con sopa de apio condensada y condimente con ginebra en lugar de jerez.

Fondue italiana de queso, nata y huevo

Sirve 4-6

1 diente de ajo, picado
50 g/2 oz/¼ taza de mantequilla sin sal (dulce), a temperatura ambiente
450 g de queso fontina rallado
60 ml/4 cucharadas de harina de maíz (fécula de maíz)
300 ml/½ pt/1¼ taza de leche
2,5 ml/½ cucharadita de nuez moscada rallada
Sal y pimienta negra recién molida
150 ml/¼ pt/2/3 taza de nata para montar
2 huevos batidos
Pan italiano en cubos, servido

Combine el ajo, la mantequilla, el queso, la harina de maíz, la leche y la nuez moscada en un recipiente hondo de vidrio o cerámica de 2,5 cuartos de galón. Sazone al gusto. Cocine, sin tapar, a fuego máximo durante 7-9 minutos, revolviendo cuatro veces, hasta que la fondue comience a burbujear suavemente. Retire del microondas y agregue la crema. Cocine sin tapar a fuego máximo durante 1 minuto. Retirar del microondas y batir gradualmente los huevos. Sirva con pan italiano para mojar.

por el Fondo Agrícola Holandés

Sirve 4-6

Fondue suave y delicada, lo suficientemente suave para los niños.

1 diente de ajo, picado
15 ml/1 cucharada de mantequilla
450 g de queso Gouda rallado
15 ml/1 cucharada de harina de maíz (fécula de maíz)
20 ml/4 cucharaditas de mostaza en polvo
Una pizca de nuez moscada rallada
300 ml/½ pt/1¼ taza de leche entera
Sal y pimienta negra recién molida
Pan, cortado en cubos, para servir

Colocar todos los ingredientes en una fuente honda de vidrio o cerámica de 2,5 litros, sazonar bien. Cocine, sin tapar, a fuego máximo durante 7-9 minutos, revolviendo cuatro veces, hasta que la fondue comience a burbujear suavemente. Coloque el plato sobre la mesa y coma el cubo de pan en un tenedor largo para fondue, revolviéndolo en la mezcla de queso, luego retírelo.

Fondo de Homestead con una patada

Sirve 4-6

Prepárelo como para la fondue holandesa, pero agregue 30-45 ml/2-3 cucharadas de ginebra (ginebra holandesa) después de cocinar.

Huevos fritos a la flamenca

Sirve 1

Mantequilla o margarina derretida
1 tomate pequeño, blanqueado, pelado y picado
2 cebollas, picadas
1-2 aceitunas rellenas, en rodajas
5 ml/1 cucharadita de aceite
15 ml/1 cucharada jamón cocido, finamente picado
1 huevo
Sal y pimienta negra recién molida
15 ml / 1 cucharada de nata doble (pesada) o crème fraîche
5 ml/1 cucharadita de perejil, cebollino o cilantro picado muy fino

Engrase un molde pequeño (azucarero) o un plato de suflé separado con mantequilla o margarina derretida. Agrega el tomate, la cebolla, las aceitunas, el aceite y el jamón. Cubrir con un plato y calentar en Full durante 1 minuto. Rompe el huevo con cuidado y perfora la yema dos veces con una aguja o la punta de un cuchillo. Sazone bien al gusto. Cubrir con crema y espolvorear con hierbas. Cubra como antes y cocine en el modo Descongelar durante 3 minutos. Deje reposar durante 1 minuto antes de comer.

Budín de pan, mantequilla, queso y perejil

Sirve 4-6

4 rebanadas grandes de pan
50 g/2 oz/¼ taza de mantequilla, a temperatura ambiente
175 g/6 oz/1½ tazas de queso cheddar naranja
45 ml/3 cucharadas de perejil picado
600 ml / 1 pt / 2½ tazas de leche fría
3 huevos
5 ml/1 cucharadita de sal
pimenton

Unta mantequilla en el pan y corta cada rebanada en cuatro cuadrados. Unte bien con mantequilla un plato de 1,75 cuartos/3 pintas/7½ tazas. Coloque la mitad de los cuadrados de pan, con los lados enmantequillados hacia arriba, en el fondo de la fuente. Espolvorea con dos tercios del queso y todo el perejil. Coloque el resto del pan encima, con los lados enmantequillados hacia arriba. Verter la leche en la jarra y calentar sin tapa a temperatura máxima durante 3 minutos. Bate los huevos hasta que estén espumosos, luego agrega la leche poco a poco. Agrega la sal. Vierta suavemente sobre el pan y la mantequilla. Cubra con el queso restante y espolvoree con paprika. Cubrir con papel de cocina y hornear en Descongelar durante 30 minutos. Deje reposar durante 5 minutos, luego tueste en una parrilla caliente (debajo del asador) antes de servir, si lo desea.

Budín de pan con mantequilla, queso y perejil con anacardos

Sirve 4-6

Haga como un budín de pan, mantequilla, queso y perejil, pero agregue 45 ml/3 cucharadas de anacardos, tostados y picados en trozos grandes, con el queso y el perejil.

Budín de cuatro quesos con pan y mantequilla

Sirve 4-6

Haga como un budín de queso y perejil de pan y mantequilla, pero use una mezcla de queso cheddar rallado, Edam, Leicester rojo y queso Stilton desmenuzado. Reemplace el perejil con cuatro cebollas en escabeche picadas.

Crujientes de huevo y queso

Para 4 personas

300 ml/10 fl oz/1 lata de sopa de champiñones condensada
45 ml/3 cucharadas de crema de un solo uso (ligera)
125 g / 4 oz / 1 taza de queso rojo Leicester, rallado
4 albóndigas fritas calientes
4 huevos recién batidos

Coloque la sopa, la crema y la mitad del queso en un tazón de 900 ml/1½ pt/3¾ taza. Caliente sin tapar en Full durante 4-5 minutos hasta que esté caliente y suave, batiendo cada minuto. Coloque cada pastel en un plato caliente y cepille con huevo. Cubra con la mezcla de champiñones, espolvoree con el resto del queso y caliente uno a la vez en el horno completo durante aproximadamente 1 minuto, hasta que el queso se derrita y burbujee. Come ahora.

Budín de tomate y queso al revés

Para 4 personas

225 g/8 oz/2 tazas de harina leudante (autoleudante)
5 ml/1 cucharadita de mostaza en polvo
5 ml/1 cucharadita de sal
125 g/4 oz/½ taza de mantequilla o margarina
125 g / 4 oz / 1 taza de queso Edam o Cheddar, rallado
2 huevos batidos
150 ml / ¼ pt / 2/3 taza de leche fría
4 tomates grandes, blanqueados, pelados y picados
15 ml/1 cucharada de perejil picado o cilantro (cilantro)

Unte con mantequilla un tazón de budín redondo y hondo de 1.75 cuartos de galón/3 pintas/7½ tazas. Tamiza la harina, la mostaza en polvo y 2,5 ml/½ cucharadita de sal en un bol. Frote la mantequilla o margarina hasta que quede suave, luego agregue el queso. Mezclar con el huevo y la leche hasta obtener una consistencia blanda. Extienda uniformemente en un tazón preparado. Cocine sin tapar a fuego máximo durante 6 minutos. Mezclar los tomates con la sal restante. Coloque en un recipiente poco profundo y cubra con un plato. Retira el budín del horno y con cuidado conviértelo en un plato poco profundo. Cubrir con papel de cocina y hornear en el horno Completo por otros 2 minutos. Retire del horno y cubra con un trozo de papel de aluminio para mantener el calor. Coloque los tomates en el microondas y caliente durante 3 minutos en Full. Vierta sobre el budín, espolvoree con hierbas y sirva caliente.

pasteles de pizza

Para 4 personas

45 ml/3 cucharadas de puré de tomate (pasta)
30 ml/2 cucharadas de aceite de oliva
1 diente de ajo, picado
4 albóndigas fritas calientes
2 tomates, en rodajas finas
175 g/6 oz de queso mozzarella, en rodajas
12 aceitunas negras

Mezclar el puré de tomate, el aceite de oliva y el ajo y esparcir sobre las albóndigas. Extienda rodajas de tomate encima. Cubrir con queso y espolvorear con aceitunas. Caliente uno por uno en Full durante aproximadamente 1-1.5 minutos, hasta que el queso comience a derretirse. Come ahora.

Perca de jengibre con cebolla

8 porciones

Especialidad cantonesa y buffet típico chino.

2 lubinas de 450 g/1 lb cada una, limpias pero de frente

8 cebollas (cebollas)

5 ml/1 cucharadita de sal

2,5 ml / ½ cucharadita de azúcar

2,5 cm/1 pieza de raíz de jengibre fresca, pelada y picada finamente

45 ml/3 cucharadas de salsa de soja

Lava el pescado por dentro y por fuera. Secar con papel de cocina. Con un cuchillo afilado, haz tres cortes diagonales con una separación de aproximadamente 2,5 cm (1 pulgada) a cada lado de cada pescado. Coloque de la cabeza a la cola en una taza de 30 3 20 cm/12 3 8. La parte superior y la cola de la cebolla, córtelas a lo largo en hilos y espolvoréelas sobre el pescado. Mezcle bien el resto de los ingredientes y utilícelos para cubrir el pescado. Tapamos la fuente con film transparente (film) y hacemos dos cortes para que salga el vapor. Hornear durante 12 minutos, girando la sartén una vez. Transfiera el pescado a un plato para servir y espolvoree con la cebolla y el jugo del plato.

Paquetes de trucha

Sirve 2

Los chefs profesionales lo llaman truites en papillote. Los paquetes de trucha tierna simplemente hechos hacen una línea de pesca inteligente.

2 truchas grandes limpias, 450 g/1 lb cada una, enjuagadas pero con la cabeza puesta
1 cebolla, en rodajas gruesas
1 limón o lima pequeño, en rodajas gruesas
2 hojas grandes de laurel secas, picadas en trozos grandes
2,5 ml/½ cucharadita Hierbas de Provenza
5 ml/1 cucharadita de sal

Prepare dos rectángulos para hornear, cada uno de 40 3 35 cm/16 3 14. Agregue la cebolla y los gajos de limón o lima a las cavidades del pescado junto con las hojas de laurel. Enrolle el pergamino en rectángulos y espolvoree con hierbas y sal. Envuelva cada trucha individualmente, luego coloque ambos paquetes en un plato poco profundo. Hornear durante 14 minutos, girando la sartén una vez. Deje reposar durante 2 minutos. Coloque cada uno en un plato caliente y abra los paquetes en la mesa.

Gallo de mar que brilla intensamente con frijoles finos

Para 4 personas

125 g/4 oz Frijoles franceses (verdes) o kenianos con tapas y colas
150 ml / ¼ pt / 2/3 taza de agua hirviendo
450 g / 1 lb de rape
15 ml/1 cucharada de harina de maíz (fécula de maíz)
1,5-2,5 ml/¼-½ cucharadita de polvo de cinco especias chinas
45 ml/3 cucharadas de vino de arroz o jerez medio
5 ml/1 cucharadita de salsa de ostras embotellada
2,5 ml/½ cucharadita de aceite de sésamo
1 diente de ajo, picado
50 ml / 2 fl oz / 3½ cucharadas de agua caliente
15 ml/1 cucharada de salsa de soja
huevos revueltos, servidos

Cortar los frijoles por la mitad. Vierta en un plato redondo de 1.25 cuartos / 2¼ pt / 5½ tazas. Añadir agua hirviendo. Cubrir con film transparente (film) y cortar dos veces para que suelte el vapor. Cocine hasta que esté listo durante 4 minutos. Escurrir y reservar. Lave los berberechos y córtelos en tiras finas. Mezcle la harina de maíz y el polvo de especias con vino de arroz o jerez hasta que quede suave. Mezclar con el resto de los ingredientes. Transfiera al recipiente en el que se cocinaron los frijoles. Cocine a fuego lento sin tapar durante 1½ minutos. Batir hasta que quede suave, luego agregar las alubias y el rape. Cubra como antes y cocine Full durante 4 minutos. Deje reposar durante 2 minutos, luego revuelva y sirva.

Camarones resplandecientes con tirabeques

Para 4 personas

Haga un rape ligero con frijoles, pero reemplace los frijoles con tirabeques (guisantes) y cocine por solo 2½-3 minutos, ya que deben permanecer crujientes. Sustituya los camarones sin cáscara (camarones).

Bacalao de Normandía a la sidra y Calvados

Para 4 personas

50 g/2 oz/¼ taza de mantequilla o margarina
1 cebolla, en rodajas muy finas
3 zanahorias, en rodajas muy finas
50 g/2 oz de champiñones, cortados y en rodajas finas
4 filetes de bacalao grandes, de unos 225 g/8 oz cada uno
5 ml/1 cucharadita de sal
150 ml / ¼ pt / 2/3 taza de sidra
15 ml/1 cucharada de harina de maíz (fécula de maíz)
25 ml/1½ cucharada de agua fría
15 ml/1 cucharada de calvados
Perejil, para decorar

Coloque la mitad de la mantequilla o margarina en un plato hondo de 20 cm/8 de diámetro. Descongele por completo, sin tapar, durante 45-60 segundos. Mezclar la cebolla, la zanahoria y los champiñones. Colocar encima del pescado en una sola capa. Espolvorear con sal. Verter la sidra en un recipiente y pincelar los filetes con la mantequilla o margarina restante. Cubrir con film transparente (film) y cortar dos veces para que suelte el vapor. Cocine durante 8 minutos, girando la sartén cuatro veces. Retire con cuidado el líquido de cocción y reserve. Mezcle la harina de maíz con agua y calvados hasta que quede suave. Agregar jugo de pescado. Cocine sin tapar, completamente tapado, de 2 a 2,5 minutos, hasta que la salsa espese, batiendo cada 30 segundos. Coloque el pescado en un plato para servir caliente y cubra con las verduras. Rociar sobre la salsa y decorar con perejil.

Paella de Pescado

Sirve 6-8

El plato de arroz por excelencia de España, conocido mundialmente por los viajes internacionales.

900 g / 2 lb de filete de salmón sin piel, cortado en cubitos
1 paquete de azafrán en polvo
60 ml/4 cucharadas de agua caliente
30 ml/2 cucharadas de aceite de oliva
2 cebollas, picadas
2 dientes de ajo, picados
1 pimiento verde (bulgar), deshuesado y picado en trozos grandes
225 g/8 oz/1 taza de arroz para risotto italiano o español
175 g/6 oz/1½ tazas de guisantes congelados o frescos
600 ml/1 pt/2½ tazas de agua hirviendo
7,5 ml / 1½ cucharadita de sal
3 tomates, blanqueados, pelados y cortados en cuartos
75 g / 3 oz / ¾ taza de jamón cocido, cortado en cubitos
125 g / 4 oz / 1 taza de camarones sin cáscara (langostinos)

250g/9oz/1 tarro grande en salmuera
Rodajas o gajos de limón, con guarnición

Coloque los cubos de salmón alrededor del borde de una cacerola de 25 cm/10 de diámetro (horno holandés), dejando un pequeño hueco en el centro. Tapamos la fuente con film transparente (film) y hacemos dos cortes para que salga el vapor. Cocine descongelando durante 10-11 minutos, girando la sartén dos veces, hasta que el pescado se vea escamoso y recién cocido. Escurrir y reservar el líquido y reservar el salmón. Lavar y secar los platos. Vierta el azafrán en un tazón pequeño, agregue agua caliente y deje reposar durante 10 minutos. Vierta el aceite en un recipiente limpio y agregue la cebolla, el ajo y el pimiento verde. Cocine sin tapar a fuego máximo durante 4 minutos. Agregue el arroz, el azafrán y el agua de remojo, los guisantes, los cubos de salmón, el líquido de salmón reservado, el agua hirviendo y la sal. Mezcle bien pero suavemente. Cubra como antes y cocine durante 10 minutos completos. Déjalo reposar en el microondas durante 10 minutos. Cocine por otros 5 minutos a fuego máximo. Abrir y mezclar con cuidado los tomates y el jamón. Adorne con camarones, mejillones y limón y sirva.

Arenque empapado

Para 4 personas

4 arenques, de unos 450 g cada uno, fileteados
2 hojas de laurel grandes, picadas en trozos grandes
15 ml/1 cucharada de mezcla de especias para encurtir
2 cebollas, cortadas y cortadas en aros
150 ml / ¼ pt / 2/3 taza de agua hirviendo
20 ml/4 cucharaditas de azúcar granulada
10 ml / 2 cucharaditas de sal
90 ml/6 cucharadas de vinagre de malta
Sándwich, para servir

Enrolle cada filete de arenque de la cabeza a la cola, con la piel hacia adentro. Cubra el borde de un plato hondo de 25 cm/10 de diámetro. Espolvorear con hojas de laurel y especias. Disponer los aros de cebolla entre los arenques. Mezcle bien el resto de los ingredientes y vierta sobre el pescado. Cubrir con film transparente (film) y cortar dos veces para que suelte el vapor. Hornee hasta que esté listo durante

18 minutos. Deje enfriar, luego refrigere. Comer frío con pan y mantequilla.

Marinas Moules

Para 4 personas

Plato nacional belga, siempre servido con patatas fritas (fr.

900 ml / 2 puntos / 5 tazas de mejillones frescos
15 g/½ oz/l cucharada de mantequilla o margarina
1 cebolla pequeña, picada
1 diente de ajo, picado
150 ml/¼ pt/2/3 taza de vino blanco seco
1 manojo de bolsa de garni
1 hoja de laurel seca, picada
7,5 ml / 1½ cucharadita de sal
20 ml/4 cucharaditas de pan rallado blanco fresco
20 ml/4 cucharaditas de perejil picado

Enjuague los mejillones con agua corriente fría. Afeita todas las calabazas, luego recorta la barba. Deseche los mejillones partidos o abiertos; pueden causar intoxicación alimentaria. Lava de nuevo. Poner mantequilla o margarina en un recipiente hondo. Descongele, sin tapar, durante unos 30 segundos. Agregue la cebolla y el ajo. Cubrir con un plato y cocinar Full durante 6 minutos, revolviendo dos veces. Agregue el vino, el bouquet garni, las hojas de laurel, la sal y los mejillones. Revuelva suavemente para combinar. Cubra como antes y cocine Full por 5 minutos. Con una espumadera, transfiera los mejillones a cuatro tazones hondos o platos hondos. Mezcle el pan rallado y la mitad del perejil en el líquido de cocción, luego vierta sobre los mejillones. Espolvorea con el perejil restante y sirve inmediatamente.

Caballa con salsa de ruibarbo y pasas

Para 4 personas

La salsa agridulce bellamente coloreada equilibra perfectamente la rica caballa.

350 g/12 oz de ruibarbo joven, picado en trozos grandes
60 ml/4 cucharadas de agua hirviendo
30 ml/2 cucharadas de pasas
30 ml/2 cucharadas de azúcar granulada
2,5 ml/½ cucharadita de esencia de vainilla (extracto)
La ralladura finamente rallada y el jugo de ½ limón pequeño
4 caballas, limpias, deshuesadas y sin cabeza
50 g/2 oz/¼ taza de mantequilla o margarina
Sal y pimienta negra recién molida

Coloque el ruibarbo y el agua en una cacerola (horno holandés). Cubrir con film transparente (film) y cortar dos veces para que suelte el vapor. Cocine durante 6 minutos, girando la sartén tres veces. Abre y tritura el ruibarbo. Mezcle las pasas, el azúcar, la esencia de vainilla y la ralladura de limón, luego reserve. Voltee cada caballa por la mitad transversalmente de la cabeza a la cola con los lados de la piel hacia usted. Coloque la mantequilla, la margarina y el jugo de limón en un plato hondo de 20 cm/8 de diámetro. Disolver completamente durante 2 minutos. Agregue el pescado y unte con los ingredientes derretidos. Espolvorear con sal y pimienta. Cubrir con film transparente (film) y cortar dos veces para que suelte el vapor. Cocine a fuego medio durante 14-16 minutos, hasta que el pescado se vea escamoso. Deje reposar durante 2 minutos.

Arenque con salsa de sidra de manzana

Para 4 personas

Prepare la caballa con salsa de ruibarbo y pasas, pero en lugar de agua, sustitúyala por manzanas peladas y sin corazón y sidra hirviendo. Deseche las pasas.

Carpa en salsa de gelatina

Para 4 personas

1 carpa muy fresca, limpia y cortada en 8 lonchas finas
30 ml/2 cucharadas de vinagre de malta
3 zanahorias, en rodajas finas
3 cebollas, en rodajas finas
600 ml/1 pt/2½ tazas de agua hirviendo
10-15 ml / 2-3 cucharaditas de sal

Lave la carpa, luego remoje en agua fría con vinagre durante 3 horas para cubrir el pescado. (Esto eliminará el sabor a barro). Coloque las zanahorias y las cebollas en una olla profunda de 9 pulgadas con agua hirviendo y sal. Cubrir con film transparente (film) y cortar dos veces para que suelte el vapor. Cocine por completo durante 20 minutos, girando la sartén cuatro veces. Escurrir, reservando el líquido. (Las verduras se pueden usar en otra parte en sopa de pescado o salteados). Vuelva a verter el líquido en la olla. Agregue la carpa en una sola capa. Tape como antes y cocine durante 8 minutos completos, girando la sartén dos veces. Deje reposar durante 3 minutos. Use una pala de pescado para transferir la carpa a un plato poco profundo. Cubra y refrigere. Verter el líquido en una jarra y refrigerar hasta que espese un poco. Vierta la gelatina sobre el pescado y sirva.

Rollpug con albaricoques

Para 4 personas

75 g/3 oz de albaricoques secos
150 ml / ¼ pt / 2/3 taza de agua fría
3 compré trapeadores con cebolla picada
150g/5oz/2/3 taza de crema fresca
hojas de ensalada mixta
pan crujiente

Lava los albaricoques y córtalos en trozos pequeños. Colocar en un recipiente con agua fría. Cubra boca abajo con un plato y caliente durante 5 minutos completos. Dejar reposar durante 5 minutos. Drenaje. Cortar las fregonas de rodillos en tiras. Añadir a los albaricoques con la cebolla y la crème fraîche. Mezclar bien. Tape y deje marinar en el refrigerador durante 4-5 horas. Servir sobre hojas de lechuga con pan crujiente.

patrón hecho

Sirve 1

El microondas evita que el olor entre en la casa, y el patrón se vuelve jugoso y tierno.

1 patrón grande sin pintar, aproximadamente 450 g/1 lb
120 ml / 4 fl oz / ½ taza de agua fría
mantequilla o margarina

Cortar el patrón, tirar la cola. Remojar durante 3-4 horas varias veces en agua fría para reducir la salinidad, escurrir si se desea. Colóquelo en un tazón de agua grande y poco profundo. Cubrir con film transparente (film) y cortar dos veces para que suelte el vapor. Cocine hasta que esté listo durante 4 minutos. Sirva en un plato caliente con una cucharada de mantequilla o margarina.

Langostinos Madrás

Para 4 personas

25 g / 1 oz / 2 cucharadas de ghee o 15 ml / 1 cucharada de aceite de maní

2 cebollas, picadas

2 dientes de ajo, picados

15 ml/1 cucharada de curry picante en polvo

5 ml/1 cucharadita de comino molido

5 ml/1 cucharadita de garam masala

Zumo de 1 lima pequeña

150 ml / ¼ pt / 2/3 taza de caldo de pescado o de verduras

30 ml/2 cucharadas de puré de tomate (pasta)

60 ml/4 cucharadas sultanas (pasas doradas)

450 g / 1 lb / 4 tazas de camarones sin cáscara (langostinos), descongelados si están congelados

175 g/6 oz/¾ taza de arroz de grano largo, cocido estallidos

Coloque el ghee o el aceite en un plato hondo de 20 cm/8 de diámetro. Caliente, tapado, hasta que esté listo, 1 minuto. Mezclar bien con la cebolla y el ajo. Cocine sin tapar a fuego máximo durante 3 minutos. Agregue curry en polvo, comino, garam masala y jugo de lima. Cocine sin tapar a fuego alto durante 3 minutos, revolviendo dos veces. Agregue el caldo, el puré de tomate y las sultanas. Cubra boca abajo con un plato y cocine por 5 minutos en Full. Escurra los camarones si es necesario, luego agréguelos al tazón y revuelva. Cocine a fuego lento sin tapar durante 1½ minutos. Servir con arroz y popadas.

Rollos de lenguado martini con salsa

Para 4 personas

8 filetes de platija, 175 g/6 oz cada uno, enjuagados y secos
Sal y pimienta negra recién molida
Jugo de 1 limón
2,5 ml/½ cucharadita de salsa Worcestershire
25 g / 1 oz / 2 cucharadas de mantequilla o margarina
4 chalotes, pelados y picados
100 g / 3½ oz / 1 taza de jamón cocido, cortado en tiras
400 g/14 oz de champiñones, en rodajas finas
20 ml/4 cucharaditas de harina de maíz (fécula de maíz)
20 ml/4 cucharaditas de leche fría
250 ml / 8 fl oz / 1 taza de caldo de pollo
150 g / ¼ pt / 2/3 taza de crema simple (ligera)
2,5 ml/½ cucharadita de azúcar granulada
1,5 ml/¼ de cucharadita de cúrcuma
10 ml / 2 cucharaditas de martini blanco

Sazone el pescado con sal y pimienta. Marinar en jugo de limón y salsa Worcestershire durante 15-20 minutos. Derrita la mantequilla o la margarina en una olla (sartén). Añadir los chalotes y freír (saltear) hasta que estén suaves y transparentes. Agregue el jamón y los champiñones y saltee durante 7 minutos. Mezcle la harina de maíz con leche fría hasta obtener una masa suave y agregue el resto de los ingredientes. Enrolle el filete de lenguado y córtelo con palillos de cóctel (palillos de dientes). Extender en un plato hondo de 20 cm/8 de diámetro. Cubra con la mezcla de champiñones. Cubrir con film transparente (film) y cortar dos veces para que suelte el vapor. Hornee hasta que esté listo durante 10 minutos.

Raguu de conchas con nueces

Para 4 personas

30 ml/2 cucharadas de aceite de oliva

1 cebolla, pelada y picada

2 zanahorias, peladas y finamente picadas

3 tallos de apio, cortados en tiras angostas

1 pimiento rojo (bulgar), deshuesado y cortado en tiras

1 pimiento verde (bulgar), deshuesado y cortado en tiras

1 calabacín pequeño (calabacín), cortado y en rodajas finas

250 ml / 8 fl oz / 1 taza de vino rosado

1 manojo de bolsa de garni

325 ml / 11 oz / 11/3 tazas de caldo de verduras o pescado

400 g/14 oz/1 lata grande de tomates cortados en cubitos

Anillos de calamar de 125 g / 4 oz

125g/4oz mejillones cocidos con cáscara

200 g/7 oz de filetes de platija o campanilla de limón, cortados en trozos

4 camarones jumbo, cocidos

50 g/2 oz/½ taza de nueces, picadas en trozos grandes

30 ml/2 cucharadas de aceitunas negras sin hueso

10 ml / 2 cucharaditas de ginebra

Jugo de ½ limón pequeño

2,5 ml/½ cucharadita de azúcar granulada

1 baguette

30 ml/2 cucharadas. hojas de albahaca picadas en trozos grandes

Vierta el aceite en un recipiente de 2,5 cuartos/4½ pintas/11 tazas. Caliente sin tapar por un total de 2 minutos. Agregue las verduras preparadas y fríalas en aceite hasta que estén cubiertas. Cubrir con film transparente (film) y cortar dos veces para que suelte el vapor. Cocine hasta que esté listo durante 5 minutos. Añadir vino y un bouquet garni. Cubra como antes y cocine Full por 5 minutos. Agregue el caldo, los tomates y el pescado. Tape nuevamente y cocine por completo durante 10 minutos. Mezcle todos los ingredientes restantes excepto la albahaca. Tape nuevamente y cocine hasta que esté listo, 4 minutos. Espolvorear con albahaca y servir caliente.

Caldo de Bacalao

Para 4 personas

25 g / 1 oz / 2 cucharadas de mantequilla o margarina
1 cebolla, pelada y picada
2 zanahorias, peladas y finamente picadas
2 tallos de apio, en rodajas finas
150 ml/¼ pt/2/3 taza de vino blanco semiseco
400 g/14 oz de filete de bacalao con piel, cortado en cubos grandes
15 ml/1 cucharada de harina de maíz (fécula de maíz)
75 ml/5 cucharadas de leche fría
350 ml/12 fl oz/1½ tazas de caldo de pescado o verduras
Sal y pimienta negra recién molida
75 ml/5 cucharadas de eneldo picado (tillium brohi)
300 ml/½ pt/1¼ taza de crema doble (espesa), ligeramente batida
2 yemas de huevo

Coloque la mantequilla o margarina en una cacerola de 20 cm/8 de diámetro (horno holandés). Caliente sin tapar por un total de 2 minutos. Agregue las verduras y el vino. Cubrir con film transparente (film) y cortar dos veces para que suelte el vapor. Cocine hasta que esté listo durante 5 minutos. Deje reposar durante 3 minutos. Revelar Añadir pescado a las verduras. Mezcle la harina de maíz con la leche fría hasta que quede suave, luego viértala en la cacerola con el caldo. Época del año. Cubra como antes y cocine durante 8 minutos completos. Agrega eneldo. Mezcle bien la crema con las yemas y revuelva en la cacerola. Tape y cocine por completo durante 1½ minutos.

Bacalao ahumado en Hot-pot

Para 4 personas

Preparar como para la Olla de Bacalao, pero sustituir el filete de bacalao ahumado por fresco.

Rape en salsa dorada de crema de limón

Para 6

300 ml/½ pt/1¼ taza de crema de leche
25 g/1 oz/2 cucharadas de mantequilla o margarina a temperatura ambiente
675 g de filete a la diabla cortado en trozos pequeños
45 ml/3 cucharadas de harina normal (para todo uso)
2 yemas de huevo grandes
Jugo de 1 limón grande
2,5-5 ml / ½-1 cucharadita de sal

2,5 ml/½ cucharadita de estragón finamente picado
Almejas vol-au-vent hervidas (conchas de andamio) o rebanadas de pan ciabatta tostado

Verter la leche en la jarra y calentar sin tapa a máxima potencia durante 2 minutos. Coloque la mantequilla o margarina en un plato hondo de 20 cm/8 de diámetro. Descongele, sin tapar, en modo descongelar durante 1½ minutos. Espolvoree los trozos de pescado con harina y póngalos en mantequilla o margarina. Vierta suavemente la leche. Cubrir con film transparente (film) y cortar dos veces para que suelte el vapor. Cocine hasta que esté listo durante 7 minutos. Batir las yemas de huevo, el jugo de limón y la sal y mezclar con el pescado. Cocine sin tapar a fuego máximo durante 2 minutos. Dejar reposar durante 5 minutos. Mezclar, espolvorear con estragón y servir en conchas de vol-au-vent o con rebanadas de pan ciabatta tostado.

Lenguado en salsa dorada de crema de limón

Para 6

Preparar como las diablas en una salsa dorada de ralladura de limón, pero sustituir las diablitas por lenguado en rodajas.

Salmón Holandés

Para 4 personas

4 filetes de salmón, 175-200 g/6-7 oz cada uno
150 ml / ¼ pt agua / 2/3 taza agua o vino blanco seco
2,5 ml / ½ cucharadita de sal
Salsa holandesa

Coloque los bistecs alrededor de los lados de un plato hondo de 20 cm/8 de diámetro. Añadir agua o vino. Espolvorear el pescado con sal. Cubrir con film transparente (film) y cortar dos veces para que suelte el vapor. Cocine en modo descongelar (para evitar que salpique el salmón) durante 16-18 minutos. Deje reposar durante 4 minutos. Coloque las rodajas de pescado en cuatro platos calientes, drene el líquido. Cepille cada uno con salsa holandesa.

Holandesa de salmón con cilantro

Para 4 personas

Haga como la salsa holandesa de salmón, pero agregue 30 ml/2 cucharadas de cilantro picado a la salsa tan pronto como esté lista. Para un sabor extra, agregue 10 ml/2 cucharaditas de bálsamo de limón triturado.

Copos de mayonesa de salmón

Para 6

900g/2lb filetes de salmón fresco, sin piel
Sal y pimienta negra recién molida
Mantequilla o margarina derretida (opcional)
50 g/2 oz/½ taza de almendras rebanadas (picadas), tostadas
1 cebolla pequeña, finamente picada
30 ml/2 cucharadas de perejil finamente picado
5 ml/1 cucharadita de estragón triturado
200 ml / 7 fl oz / aproximadamente 1 taza de mayonesa estilo francés
Hojas de lechuga
Chispitas de hinojo, adornadas

Divide el salmón en cuatro partes. Cubra el borde de un plato hondo de 25 cm/10 de diámetro. Espolvorea con sal y pimienta y, si lo deseas, rocía con un poco de mantequilla o margarina derretida. Cubrir con film transparente (film) y cortar dos veces para que suelte el vapor. Hornear en modo descongelar durante 20 minutos. Dejar enfriar hasta que esté tibio, luego desmenuzar el pescado con dos tenedores. Transfiera a un tazón, agregue la mitad de las almendras y la cebolla, el perejil y el estragón. Agregue suavemente la mayonesa hasta que esté bien combinada y suave. Cubra un plato largo para servir con hojas de lechuga. Extienda una línea de mayonesa de salmón encima. Espolvorea con las almendras restantes y decora con hinojo.

Filete de salmón al estilo mediterráneo

Sirve 6-8

Porción de 1,5 kg / 3 lb de salmón cortado mediano
60 ml/4 cucharadas de aceite de oliva
60 ml/4 cucharadas de jugo de limón
60 ml/4 cucharadas de puré de tomate (pasta)
15 ml/1 cucharada de hojas de albahaca picadas
7,5 ml / 1½ cucharadita de sal
45 ml/3 cucharadas. alcaparras pequeñas, escurridas
45 ml/3 cucharadas de perejil picado

Lave el salmón, asegurándose de quitar todo el sedimento. Colocar en un plato hondo de 20 cm/8 de diámetro. Mezcle el resto de los ingredientes y vierta sobre el pescado. Cubrir con un plato y poner en el refrigerador para marinar durante 3 horas. Cubrir con film transparente (film) y cortar dos veces para que suelte el vapor. Hornee en el horno durante 20 minutos, girando la sartén dos veces. Dividir en porciones.

Kedgeree con curry

Para 4 personas

Una vez que un plato de desayuno especialmente asociado con la India colonial alrededor del cambio de siglo, kedgeree ahora se sirve más comúnmente para el almuerzo.

350 g / 12 oz eglefino ahumado o filetes de bacalao
60 ml/4 cucharadas de agua fría
50 g/2 oz/¼ taza de mantequilla o margarina
225 g/8 oz/1 taza de arroz basmati
15 ml/1 cucharada de polvo de curry suave
600 ml/1 pt/2½ tazas de agua hirviendo
3 huevos duros (cocidos)
150 ml/¼ pt/2/3 taza de crema simple (ligera)
15 ml/1 cucharada de perejil picado
Sal y pimienta negra recién molida
ramitas de perejil, para decorar

Coloque el pescado en un recipiente poco profundo con agua fría. Cubrir con film transparente (film) y cortar dos veces para que suelte el vapor. Cocine hasta que esté listo durante 5 minutos. Drenaje. Rasgar la carne con dos tenedores, quitar la piel y los huesos. Coloque la mantequilla o la margarina en un plato resistente al calor redondo de 1,75 cuartos y derrita en la configuración para derretir durante 1,75 a 2 minutos. Mezcle el arroz, el curry en polvo y el agua hirviendo. Cubra como antes y hornee durante 15 minutos completos. Picar dos huevos y mezclarlos en un bol con el pescado, la nata y el perejil, sazonar. El tenedor es redondo, cúbralo boca abajo con un plato y caliéntelo en Full durante 5 minutos. Picar el huevo restante. Retire el plato del microondas y adorne con un huevo picado y ramitas de perejil.

Kedgeree con salmón ahumado

Para 4 personas

Prepárelo como para Curry Kedgeree, pero reemplace el eglefino ahumado o el bacalao con 225 g/8 oz de salmón ahumado (lox), cortado en tiras. No es necesario preparar el salmón ahumado.

Quiche De Pescado Ahumado

Para 6

175 g de masa quebrada (base de tarta principal)
1 yema de huevo, batida
125 g/4 oz de pescado ahumado como caballa, eglefino, bacalao o trucha, cocido y picado
3 huevos
150 ml/¼ pt/2/3 taza de crema agria (crema agria láctea).
30 ml/2 cucharadas mayonesa
Sal y pimienta negra recién molida
75 g / 3 oz / ¾ taza de queso cheddar rallado
pimenton
Ensalada mixta

Unte con mantequilla un plato de porcelana o vidrio de 20 cm/8 de diámetro. Estirar la masa y usarla para forrar un molde engrasado. Perfore bien, especialmente donde el lado se encuentra con la base. Cocine sin tapar a fuego máximo durante 6 minutos, girando la sartén dos veces. Si se forman grumos, presione con los dedos protegidos con guantes para horno. Cepille el interior de la masa de pastelería (corteza de pastel) con yema de huevo. Cocine durante 1 minuto completo para sellar todos los agujeros. Retire del horno. Cubre el fondo con pescado. Batir los huevos con la nata y la mayonesa, sazonar. Verter sobre la quiche y espolvorear con queso y pimentón. Cocine sin tapar a fuego máximo durante 8 minutos. Servir caliente con una ensalada.

Gumbo de camarones de Luisiana

8 porciones

3 cebollas, picadas
2 dientes de ajo
3 tallos de apio, finamente picados
1 pimiento verde (bulgar), deshuesado y finamente picado
50 g / 2 oz / ¼ taza de mantequilla
60 ml/4 cucharadas de harina normal (para todo uso)
900 ml/1½ pt/3¾ tazas de caldo de verduras o pollo caliente
350g/12oz okra (dedos de dama), tapas y colas
15 ml/1 cucharada de sal
10 ml/2 cucharaditas de cilantro molido (cilantro)
5ml/1 cucharadita de cúrcuma
2,5 ml/½ cucharadita de pimienta de Jamaica molida
30 ml/2 cucharadas de jugo de limón
2 hojas de laurel
5-10 ml/1-2 cucharaditas de salsa tabasco
450 g / 1 lb / 4 tazas de camarones cocidos sin cáscara (langostinos), descongelados si están congelados
350 g/12 oz/1½ tazas de arroz de grano largo, cocido

Coloque las cebollas en un tazón de 2.5 cuartos/4½ pintas/11 tazas. Triture el ajo encima. Agregue el apio y el pimiento verde. Derrita la mantequilla por completo durante 2 minutos. Agregue la harina. Cocine sin tapar por completo durante 5 a 7 minutos, revolviendo cuatro veces y observando cuidadosamente si se doran, hasta que la mezcla esté ligeramente rosada como una galleta. Revuelva gradualmente en el caldo. Posponer. Corte la okra en trozos y agréguela a las verduras junto con todos los ingredientes restantes excepto el tabasco y los camarones, pero incluyendo la mezcla de roux. Cubrir con film transparente (film) y cortar dos veces para que suelte el vapor. Hornear durante 25 minutos hasta que esté hecho. Dejar reposar durante 5 minutos. Agregue el tabasco y los camarones. Vierta en tazones hondos calientes y cubra cada pila con arroz recién cocinado. Come ahora.

Gumbo de pescado de mar

8 porciones

Prepárelo como para el Gumbo de gambas de Luisiana, pero reemplace los camarones (camarones) con camarones deshuesados del mismo peso cortados en tiras. Cubra con film transparente (película) y cocine por completo durante 4 minutos antes de transferir a tazones para servir.

Gumbo de Pescado Mixto

8 porciones

Haga como Louisiana Shrimp Gumbo, pero reemplace los camarones (camarones) con una variedad de filetes de pescado cortados en cubitos.

Trucha con almendras

Para 4 personas

50 g / 2 oz / ¼ taza de mantequilla
15 ml/1 cucharada de jugo de limón
4 truchas medianas
50 g/2 oz/½ taza de almendras rebanadas (picadas), tostadas
Sal y pimienta negra recién molida
4 rodajas de limón
Ramitas de perejil

Derrita la mantequilla en el modo de descongelación durante 1½ minutos. Agregue el jugo de limón. Coloque la trucha, de la cabeza a la cola, en un plato untado con mantequilla de 25 3 20 cm/10 3 8. Pintar el pescado con la mezcla de mantequilla y espolvorear con almendras y especias. Cubrir con film transparente (film) y cortar dos veces para que suelte el vapor. Hornee por completo durante 9-12 minutos, girando la sartén dos veces. Dejar reposar durante 5 minutos.

Transferir a cuatro platos calientes. Verter sobre el líquido de cocción y decorar con rodajas de limón y ramitas de perejil.

Gambas de Provenza

Para 4 personas

225 g/8 oz/1 taza de arroz de grano largo fácil de cocinar
600 ml/1 pt/2½ tazas de caldo de pescado o pollo caliente
5 ml/1 cucharadita de sal
15 ml/1 cucharada de aceite de oliva
1 cebolla, rallada
1-2 dientes de ajo picados
6 tomates grandes muy maduros, blanqueados, pelados y picados
15 ml/1 cucharada de hojas de albahaca picadas
5 ml / 1 cucharadita de azúcar moreno suave oscuro
450 g/1 lb/4 tazas de camarones sin cáscara congelados (langostinos), descongelados
Sal y pimienta negra recién molida
Perejil picado

Coloque el arroz en un tazón de 2 cuartos/3½ pintas/8½ tazas. Agregue el caldo caliente y la sal. Cubrir con film transparente (film) y cortar dos veces para que suelte el vapor. Hornee por un total de 16 minutos. Deje reposar durante 8 minutos para permitir que el arroz absorba toda la humedad. Vierta el aceite en una fuente para servir de 1,75 cuartos de galón/3 pintas/7½ tazas. Caliente sin tapar por un total de 1½ minutos. Agregue la cebolla y el ajo. Cocine sin tapar a fuego alto durante 3 minutos, revolviendo dos veces. Agrega los tomates junto con la albahaca y el azúcar. Cubrir con un plato y cocinar Full durante 5 minutos, revolviendo dos veces. Agregue los camarones congelados y los condimentos. Cubra como antes y cocine en Full durante 4 minutos, luego separe suavemente las gambas. Tape nuevamente y cocine por otros 3 minutos a fuego máximo. Deje reposar. Cubra el arroz con un plato y caliéntelo en el modo Descongelar durante 5-6 minutos. Coloque en cuatro platos calientes y cubra con la mezcla de pescado y tomate.

Platija en salsa de apio con almendras tostadas

Para 4 personas

8 filetes de lenguado, peso total aproximado 1 kg/2¼ lbs
300 ml/10 fl oz/1 lata Crema condensada de sopa de apio
150 m/¼ pt/2/3 taza de agua hirviendo
15 ml/1 cucharada de perejil finamente picado
30ml/2 cucharadas de almendras fileteadas tostadas

Enrolle el filete de pescado de la cabeza a la cola, con la piel hacia adentro. Cubra el borde de un plato hondo de 25 cm/10 de diámetro untado con mantequilla. Batir suavemente la sopa con agua y agregar el perejil. Cuchara sobre el pescado. Tapamos la fuente con film transparente (film) y hacemos dos cortes para que salga el vapor. Hornee el relleno durante 12 minutos, girando la sartén dos veces. Dejar reposar durante 5 minutos. Cocine por otros 6 minutos a fuego máximo. Vierta en platos calientes y sirva espolvoreado con almendras.

Filete en salsa de tomate con mejorana

Para 4 personas

Prepare lenguado con almendras tostadas en salsa de apio, pero sustituya el apio por sopa de tomate condensada y el perejil por 2,5 ml/½ cucharadita de mejorana seca.

Solomillo en salsa de champiñones con berros

Para 4 personas

Haga como en la salsa de apio con almendras tostadas, pero sustituya la sopa de champiñones condensada con apio y 30 ml/2 cucharadas de berro picado con perejil.

Bacalao mezclado con huevos revueltos

Para 4 personas

Se encontró en un cuaderno manuscrito del siglo XIX que pertenecía a la abuela de un viejo amigo.

675g/1½lb filete de bacalao sin piel
10 ml/2 cucharaditas de mantequilla o margarina derretida o aceite de girasol
pimenton
Sal y pimienta negra recién molida
50 g/2 oz/¼ taza de mantequilla o margarina
8 cebollas grandes, cortadas y en rodajas
350 g / 12 oz papas hervidas en frío, cortadas en cubitos
150 ml/¼ pt/2/3 taza de crema simple (ligera)

5 ml/1 cucharadita de sal

4 huevos

175 ml / 6 fl oz / ¾ taza de agua caliente

5 ml/1 cucharadita de vinagre

Coloque el pescado en un plato poco profundo. Pincelar con un poco de mantequilla derretida o margarina o aceite. Sazone con paprika, sal y pimienta. Cubrir con film transparente (film) y cortar dos veces para que suelte el vapor. Hornee en modo descongelar durante 14-16 minutos. Triture el pescado con dos tenedores, quitando las espinas. Coloque el resto de la mantequilla, la margarina o el aceite en una cacerola de 20 cm/8 de diámetro (horno holandés). Calentar sin tapar en el modo Descongelar durante 1½-2 minutos. Agregue las cebollas. Cubra con un plato y cocine durante 5 minutos completos. Mezclar el pescado con patatas, nata y sal. Cubra como antes y caliente en Full durante 5-7 minutos hasta que esté muy caliente, revolviendo una o dos veces. Manténgase caliente. Para escalfar los huevos, rompa con cuidado dos huevos en un tazón pequeño y agregue la mitad de agua y la mitad de vinagre. Perforar las yemas de huevo con la punta de un cuchillo. Cubra con un plato y cocine por Full 2 minutos. Deje reposar por 1 minuto. Repita con los huevos restantes, con agua caliente y vinagre. Vierta porciones de hachís en cuatro platos calientes y cubra cada uno con un huevo.

Merluza y verduras a la sidra

Para 4 personas

50 g/2 oz/¼ taza de mantequilla o margarina
1 cebolla, en rodajas finas y cortada en aros
3 zanahorias, en rodajas finas
50 g de champiñones, cortados en rodajas
4 piezas de eglefino u otro pescado blanco filetes y sin piel
5 ml/1 cucharadita de sal
150 ml / ¼ pt / 2/3 taza de sidra medianamente dulce
10 ml / 2 cucharaditas de harina de maíz (fécula de maíz)

15 ml/1 cucharada de agua fría

Coloque la mitad de la mantequilla o margarina en un plato hondo de 20 cm/8 de diámetro. Descongele, sin tapar, en descongelación durante aproximadamente 1½ minutos. Agregue la cebolla, la zanahoria y los champiñones. Colocar encima del pescado. Espolvorear con sal. Vierta suavemente la sidra sobre el pescado. Unte la mantequilla o margarina restante. Cubrir con film transparente (film) y cortar dos veces para que suelte el vapor. Hornear durante 8 minutos hasta que esté hecho. Mezcle la harina de maíz en una jarra de vidrio con agua fría hasta que quede suave y agregue suavemente la salsa de pescado. Cocine, sin tapar, a fuego alto durante 2,5 minutos, hasta que espese, batiendo cada minuto. Vierta sobre el pescado y las verduras. Transferir a platos calientes y comer inmediatamente.

pastel de playa

Para 4 personas

Para la salsa:
700 g/1½ lb de papas, sin pelar
75 ml/5 cucharadas de agua hirviendo
15 ml/1 cucharada de mantequilla o margarina
75 ml/5 cucharadas de leche o nata (ligera)
Sal y pimienta recién molida

Nuez moscada

Para la salsa:

300 ml/½ pt/1¼ taza de leche fría
30 ml/2 cucharadas de mantequilla o margarina
20 ml/4 cucharaditas de harina normal (para todo uso)
75 ml/5 cucharadas de queso rojo Leicester o Cheddar de color, rallado
5 ml/1 cucharadita de mostaza integral
5 ml/1 cucharadita de salsa Worcestershire

Para la mezcla de pescado:
450g/1lb de solomillo sin piel, a temperatura ambiente
Mantequilla o margarina derretida
pimenton
60 ml/4 cucharadas de queso rojo Leicester o Cheddar de color, rallado

Para hacer la salsa, lava y pela las papas y córtalas en cubos grandes. Colocar en una olla de 1,5 litros de agua hirviendo. Cubrir con film transparente (film) y cortar dos veces para que suelte el vapor. Hornee el relleno durante 15 minutos, girando la sartén dos veces. Dejar reposar durante 5 minutos. Escurra y triture bien con mantequilla o margarina y leche o crema, batiendo hasta que quede esponjoso. Sazone con sal, pimienta y nuez moscada al gusto.

Para preparar la salsa, caliente la leche sin tapa en modo Full durante 1½ minutos. Posponer. Derrita mantequilla o margarina sin tapa en el modo de descongelación durante 1-1,5 minutos. Agregue la harina. Cocine sin tapar a fuego máximo durante 30 segundos. Incorporar la leche poco a poco. Cocine el relleno durante unos 4 minutos, batiendo cada minuto para igualar la salsa, hasta que espese. Mezclar el queso con el resto de los ingredientes de la salsa.

Para preparar la mezcla de pescado, coloque los filetes en un plato hondo y úntelos con mantequilla derretida o margarina. Sazone con paprika, sal y pimienta. Cubrir con film transparente (film) y cortar dos veces para que suelte el vapor. Cocine por un total de 5-6 minutos. Triture el pescado con dos tenedores, quitando las espinas. Vierta en un plato con mantequilla de 1.75 cuartos/3 pintas/7½ tazas. Agregue la salsa. Cubra con papas y espolvoree con queso y pimentón extra. Caliente sin tapar durante un total de 6-7 minutos.

Toppers de pescado ahumado

Sirve 2

2 porciones de eglefino ahumado congelado, 175 g/6 oz cada una
Pimienta negra recién molida
1 calabacín pequeño (calabacín), en rodajas
1 cebolla pequeña, en rodajas finas

2 tomates, blanqueados, pelados y picados
½ pimiento rojo (búlgaro), sin hueso y cortado en tiras
15 ml/1 cucharada de ajo picado

Coloque el pescado en un plato hondo de 18 cm/7 de diámetro. Sazone con pimienta. Cubrir con film transparente (film) y cortar dos veces para que suelte el vapor. Hornear durante 8 minutos hasta que esté hecho. Vierta los jugos sobre el pescado, luego deje reposar durante 1 minuto. Coloque las verduras en otra cacerola mediana (horno holandés). Cubra con un plato y cocine durante 5 minutos completos, revolviendo una vez. Vierta las verduras sobre el pescado. Cubra como antes y cocine durante 2 minutos completos. Espolvorear con cebollino y servir.

Filete de Coley con mermelada de puerro y limón

Sirve 2

Un trato inusual del Servicio de Mariscos de Edimburgo, que también donó las otras tres recetas.

15 ml/1 cucharada de mantequilla
1 diente de ajo, pelado y picado

1 puerro, cortado a la mitad y en rodajas finas
2 filetes de col, de 175 g/6 oz cada uno, con piel
Jugo de ½ limón
10 ml/2 cucharaditas de mermelada de limón
Sal y pimienta negra recién molida

Coloque la mantequilla, el ajo y el puerro en un plato hondo de 18 cm/7 de diámetro. Cubrir con film transparente (film) y cortar dos veces para que suelte el vapor. Hornear durante 2½ minutos hasta que esté hecho. destapar Colocar encima del filete y rociar con el jugo de medio limón. Cubra como antes y cocine durante 7 minutos completos. Transfiera el pescado a dos platos calientes y manténgalo caliente. Mezcle el jugo de limón restante, la mermelada y los condimentos con el jugo de pescado y el puerro. Cubra con un plato y cocine por 1½ minutos en Full. Vierta sobre el pescado y sirva.

Pescado de mar en una chaqueta

Para 4 personas

4 papas al horno, sin pelar pero bien lavadas
450 g/1 lb de filete de pescado blanco, sin piel y cortado en cubitos
45 ml/3 cucharadas de mantequilla o margarina

3 cebolletas, en rodajas y en cubitos
30 ml/2 cucharadas de mostaza integral
1,5 ml/¼ de cucharadita de pimentón y para espolvorear más
30-45ml/2-3 cucharadas de yogur natural
sal

Coloca las patatas directamente sobre el plato giratorio, cubre con papel de cocina y hornea en el horno Completo durante 16 minutos. Envuélvalo en una toalla limpia (paño de cocina) y déjelo a un lado. Coloque el pescado en una cacerola de 18 cm/7 cm (horno holandés) con mantequilla o margarina, cebolla, mostaza y pimentón. Cubra con un plato y cocine durante 7 minutos completos, revolviendo dos veces. Deje reposar durante 2 minutos. Mezclar yogur y sal al gusto. Corta una cruz en cada patata y aprieta suavemente para abrir. Rellenar con la mezcla de pescado, espolvorear con pimentón y comer caliente.

Bacalao a la sueca con mantequilla derretida y huevo

Para 4 personas

300 ml/½ pt/1¼ taza de agua fría
3 dientes enteros

5 bayas de enebro

1 hoja de laurel, picada

2,5 ml/½ cucharadita de especias mixtas para encurtir

1 cebolla, en cuartos

10 ml / 2 cucharaditas de sal

4 filetes de bacalao frescos medianos, 225 g/8 oz cada uno

75 g / 3 oz / 2/3 taza de mantequilla

2 huevos duros (cocidos) (página 98-9), pelados y picados

Vierta agua, clavo, bayas de enebro, laurel, especias para encurtir, cuartos de cebolla y sal en una jarra de vidrio. Cubrir con film transparente (film) y cortar dos veces para que suelte el vapor. Hornear durante 15 minutos hasta que esté hecho. Cepa. Coloque el pescado en un plato hondo de 25 cm/10 de diámetro y vierta el líquido colado. Cubrir con film transparente y cortar dos veces para que suelte el vapor. Hornee durante 10 minutos sobre el relleno, girando la sartén dos veces. Usando una cortadora de pescado, transfiera el pescado a un plato caliente y manténgalo caliente. Derrita la mantequilla sin la tapa en el modo de descongelación durante 2 minutos. Vierta sobre el pescado. Espolvorear con huevo picado y servir.

Stroganoff de marisco

Para 4 personas

30 ml/2 cucharadas de mantequilla o margarina
1 diente de ajo, picado
1 cebolla, picada
125 g/4 onzas de champiñones
700 g/1½ lb de filete de pescado blanco, sin piel y cortado en cubitos
150 ml / ¼ pt / 2/3 taza de crema agria o crème fraîche
Sal y pimienta negra recién molida
30 ml/2 cucharadas de perejil picado

Coloque la mantequilla o margarina en una cacerola de 20 cm/8 de diámetro (horno holandés). Descongele, sin tapar, en el modo Descongelar durante 2 minutos. Agregue el ajo, la cebolla y los champiñones. Cubrir con film transparente (film) y cortar dos veces para que suelte el vapor. Cocine hasta que esté listo durante 3 minutos. Agregue cubos de pescado. Cubra como antes y cocine durante 8 minutos completos. Agregue la crema y sazone con sal y pimienta. Tape nuevamente y cocine por completo durante 1½ minutos. Servir espolvoreado con perejil.

Stroganoff de atún fresco

Para 4 personas

Haga como Stroganoff de mariscos, pero reemplace el pescado blanco con atún muy fresco.

Suprema de ragú de pescado blanco

Para 4 personas

30 ml/2 cucharadas de mantequilla o margarina
1 cebolla, picada
2 zanahorias, finamente picadas
6 tallos de apio, en rodajas finas
150 ml / ¼ pt / 2/3 taza de vino blanco
400 g / 14 oz filetes de bacalao o eglefino con piel, picados
10 ml / 2 cucharaditas de harina de maíz (fécula de maíz)
90 ml/6 cucharadas de crema de un solo uso (ligera)
150 ml / ¼ pt / 2/3 taza de caldo de verduras
Sal y pimienta negra recién molida
2,5 ml/½ cucharadita de esencia de anchoa (extracto) o salsa Worcestershire
30 ml/2 cucharadas de eneldo picado (tillium brohi)
300 ml / ½ pt / 1¼ tazas de crema batida
2 yemas de huevo

Coloque la mantequilla o margarina en una cacerola de 20 cm/8 de diámetro (horno holandés). Caliente sin tapar por un total de 2 minutos. Añadir las verduras y el vino. Cubrir con film transparente (film) y cortar dos veces para que suelte el vapor. Cocine hasta que esté listo durante 5 minutos. Deje reposar durante 3 minutos. Añadir el pescado a las verduras. Mezcle la harina de maíz con la crema hasta que quede suave, luego agregue el caldo. Sazone con sal, pimienta y esencia de anchoas o salsa Worcestershire. Vierta sobre el pescado. Cubra como antes y cocine durante 8 minutos completos. Agregue el eneldo, luego mezcle la crema y las yemas de huevo y mezcle con la mezcla de pescado. Cubra como antes y cocine en el modo Descongelar durante 3 minutos.

Espuma de salmón

8 porciones

30 ml/2 cucharadas de gelatina en polvo
150 ml / ¼ pt / 2/3 taza de agua fría
418 g/15 oz/1 salmón salado grande
150 ml/¼ pt/2/3 taza mayonesa cremosa
15 ml/1 cucharada de mostaza manufacturada suave
10 ml/2 cucharaditas de salsa Worcestershire
30 ml/2 cucharadas de chutney de frutas, picadas si es necesario
Jugo de ½ limón grande
2 claras de huevo grandes
Una pizca de sal
Adorne con berros, rodajas de pepino, ensalada de hojas verdes y rodajas de lima fresca.

Mezcle la gelatina con 75 ml/5 cucharadas de agua fría y deje reposar durante 5 minutos para que se ablande. Descongele, sin tapar, en el modo Descongelar durante 2½ a 3 minutos. Mezclar nuevamente y agregar el resto del agua. Ponga el contenido de la lata de salmón en un bol bastante grande y triture con un tenedor, quitando la piel y las espinas, luego haga un puré muy fino. Mezcle la gelatina disuelta, la mayonesa, la mostaza, la salsa inglesa, el chutney y el jugo de limón. Cubra y refrigere hasta que comience a espesar y firme alrededor de los bordes. Batir las claras de huevo a punto de nieve. Agregue un tercio a la mezcla de salmón salado. Agregue las claras de huevo restantes y vierta la mezcla en un molde desmontable de 1.5 cuartos / 2½ pt / 6 tazas, enjuague primero con agua fría. Cubra con film transparente (envoltura de plástico) y refrigere por 8 horas hasta que esté firme. Antes de servir, sumergir rápidamente el molde en agua fría hasta el borde y retirar. Usa un cuchillo húmedo, recorte suavemente los lados, luego inviértalos en un plato grande húmedo para servir. (La gelatina no se pega cuando se humedece). Adorne tentadoramente con berros, rodajas de pepino, ensalada de hojas verdes y rodajas de lima.

Espuma de salmón para personas que hacen dieta

8 porciones

Prepárelo como mousse de salmón, pero reemplace la mayonesa con kéfir o requesón.

Mañana de cangrejo

Para 4 personas

300 ml/½ pt/1¼ taza de crema de leche
10 ml / 2 cucharaditas. especias mixtas para encurtir
1 cebolla pequeña, cortada en 8 rebanadas
2 ramitas de perejil
Una pizca de nuez moscada
30 ml/2 cucharadas de mantequilla
30 ml/2 cucharadas. harina simple (para todo uso)
Sal y pimienta negra recién molida
75 g / 3 oz / ¾ taza de queso Gruyère (suizo), rallado
5 ml/1 cucharadita de mostaza continental
350 g/12 oz de carne de cangrejo clara y oscura preparada
rebanadas de pan tostado

Vierta la leche en un vaso o jarra de plástico y mezcle las especias para encurtir, las rodajas de cebolla, el perejil y la nuez moscada. Cubra con un plato y caliente en Full durante 5-6 minutos hasta que la leche comience a cuajar. Cepa. Coloque la mantequilla en un recipiente de 1,5 litros y derrita en modo derretido durante 1,5 minutos. Agregue la harina. Cocine por 30 segundos hasta que esté listo. Mezclar gradualmente con la leche tibia. Cocine con el relleno durante unos 4 minutos, batiendo cada minuto, hasta que la salsa hierva y espese. Sazone con sal y pimienta y agregue el queso y la mostaza. Hornee por un total de 30 segundos o hasta que el queso se derrita. Mezclar con la carne de cangrejo. Cubrir con un plato y calentar Full durante 2-3 minutos. Servir sobre tostadas recién hechas.

Mañana de atún

Para 4 personas

Prepárelo como para Crab Mornay, pero reemplace la carne de cangrejo con atún enlatado en aceite. Triture la carne con dos tenedores y agréguela a la salsa junto con el aceite del frasco.

Mornay de salmón rojo

Para 4 personas

Prepárelo como el Cangrejo Mornay, pero reemplace la carne de cangrejo con salmón rojo enlatado, escurrido y picado.

Una combinación de mariscos y nueces.

Para 4 personas

45 ml/3 cucharadas de aceite de oliva

1 cebolla, picada

2 zanahorias, en rodajas

2 tallos de apio, en rodajas finas

1 pimiento rojo (bulgar), deshuesado y cortado en tiras

1 pimiento verde (bulgar), deshuesado y cortado en tiras

1 calabacín pequeño (calabacín), en rodajas finas

250 ml / 8 fl oz / 1 taza de vino blanco

Una pizca de especias mixtas

300 ml/½ pt/1¼ taza de caldo de pescado o verduras

450 g de tomates maduros, escaldados, pelados y troceados

Anillos de calamar de 125 g / 4 oz

400 g de lenguado o filete de campana de limón cortado en cuadrados

125 g / 4 oz mejillones cocidos

4 gambas grandes cocidas (langostinos)

50 g/2 oz/½ taza de nueces en mitades o en trozos

50 g/2 oz/1/3 taza de sultanas (pasas doradas)

un poco de jerez

Sal y pimienta negra recién molida
Jugo de 1 limón
30 ml/2 cucharadas de perejil picado

Caliente el aceite en una cacerola de 2.5 cuartos/4½ pt/11 tazas (horno holandés) durante 2 minutos. Añadir todas las verduras. Cocine sin tapar durante 5 minutos, revolviendo dos veces. Agregue vino, especias, caldo y tomates con pescados y mariscos enteros. Cubrir con film transparente (film) y cortar dos veces para que suelte el vapor. Hornee hasta que esté listo durante 10 minutos. Mezcle todos los ingredientes restantes excepto el perejil. Cubra como antes y cocine Full durante 4 minutos. Destapar, espolvorear con perejil y servir inmediatamente.

Anillo de salmón con eneldo

Sirve 8-10

125 g/4 oz/3½ rebanadas de pan de textura suelta
900 g / 2 lb de filete de salmón fresco con piel, cortado en cubitos
10 ml/2 cucharaditas de salsa de anchoas embotellada
5-7,5 ml / 1-1,5 cucharaditas de sal
1 diente de ajo, picado
4 huevos grandes, batidos
25 g/1 oz de eneldo fresco (tillium brochi)
pimienta blanca

Unte con mantequilla un plato hondo de 23 cm/9 de diámetro. Triturar el pan con un procesador de alimentos. Agregue todos los ingredientes restantes. Pulse la máquina hasta que la mezcla se combine y el pescado esté molido grueso. Evite mezclar demasiado o la mezcla será pesada y espesa. Extienda uniformemente en el plato preparado y empuje un frasco de mermelada para bebés (enlatado) o una huevera justo en el centro para formar un anillo. Cubrir con film transparente (film) y cortar dos veces para que suelte el vapor. Hornee el relleno durante 15 minutos, girando la sartén dos veces. (El anillo se separará del costado de la taza). Deje reposar hasta que se enfríe, luego cubra y refrigere. Cortar y servir. Las sobras se pueden usar en sándwiches.

Anillo de pescado mixto con perejil

Sirve 8-10

Prepárelo como un anillo de salmón con eneldo, pero sustituya la piel de salmón por filetes de salmón, la mezcla de halibut y eglefino y el eneldo por 45 ml/3 cucharadas de perejil picado.

Bacalao estofado con bacon y tomate

Para 6

30 ml/2 cucharadas de mantequilla o margarina
225 g/8 oz jamón, picado en trozos grandes
2 cebollas, picadas
1 pimiento verde grande, sin hueso y cortado en tiras
2 3 400 g/2 3 14 oz/2 latas grandes de tomates
15 ml/1 cucharada de mostaza continental suave
45 ml/3 cucharadas de Cointreau o Grand Marnier
Sal y pimienta negra recién molida
700 g/1½ lb de filete de bacalao sin piel, cortado en cubitos
2 dientes de ajo, picados
60 ml/4 cucharadas de pan rallado integral tostado
15 ml/1 cucharada de aceite de maní o de girasol

Coloque la mantequilla o la margarina en una cacerola de 2 cuartos/3½ pt/8½ tazas (horno holandés). Caliente sin tapar por un total de 1½ minutos. Agregue el jamón, la cebolla y el pimiento. Cocine sin tapar en modo de descongelación durante 10 minutos, revolviendo dos veces. Retire del microondas. Añadir los tomates, aplastarlos con un tenedor y mezclar con la mostaza, el licor y las especias. Cubrir con film transparente (film) y cortar dos veces para que suelte el vapor. Cocine hasta que esté listo 6 minutos. Agregue el pescado y el ajo. Tape como antes y cocine a fuego medio durante 10 minutos.

Espolvorear con pan rallado y rociar con aceite. Caliente, tapado, hasta que esté listo, 1 minuto.

Pescado Lieknej

Sirve 2

Con una salsa picante de jalapeño y convincentemente especiado, disfrute de este suntuoso plato de pescado con pan francés tostado y un vino tinto terroso.

2 cebollas, picadas en trozos grandes
2 dientes de ajo, picados
15 ml/1 cucharada de aceite de oliva
400 g/14 oz/1 lata grande de tomates cortados en cubitos
200 ml / 7 fl oz / pequeño 1 taza de vino rosado
15 ml/1 cucharada Pernod o Ricard (pasta)
10ml/2 cucharaditas de salsa jalapeño
2,5 ml/½ cucharadita de salsa picante
10 ml/2 cucharaditas de garam masala
1 hoja de laurel
2,5 ml/½ cucharadita de orégano seco
2,5-5 ml / ½-1 cucharadita de sal
225 g de rape o halibut con piel, cortado en tiras
12 gambas grandes cocidas (langostinos)
2 vieiras grandes, cortadas en tiras
30ml/2 cucharadas de cilantro picado (cilantro) para decorar

Coloque la cebolla, el ajo y el aceite en una cacerola de 2 L/3½ pt/8½ tazas (horno holandés). Cubra con un plato y cocine durante 3 minutos completos. Mezclar el resto de los ingredientes excepto el pescado, las almejas y el cilantro. Cubra como antes y cocine Full durante 6 minutos, revolviendo tres veces. Mezclar con rape o halibut. Tape como antes y cocine en Descongelar durante 4 minutos hasta que el pescado esté blanco. Agregue los camarones y las vieiras. Cubra como antes y cocine en el modo Descongelar durante 1½ minutos. Mezclar, verter en platos hondos y espolvorear cada uno con cilantro. Servir inmediatamente.

Pollo frito

El pollo cocinado en el microondas puede ser jugoso y delicioso cuando se trata con la masa adecuada y se deja sin rellenar.

1 pollo asado, según sea necesario

Para Basta:
25 g / 1 oz / 2 cucharadas de mantequilla o margarina
5 ml/1 cucharadita de pimentón
5 ml/1 cucharadita de salsa Worcestershire
5 ml/1 cucharadita de salsa de soja
2,5 ml/½ cucharadita de sal de ajo o 5 ml/1 cucharadita de pasta de ajo
5 ml/1 cucharadita puré de tomate (pasta)

Coloque el pollo lavado y secado en un recipiente lo suficientemente grande como para contener y caber en el microondas. (No tiene que ser profundo). Para preparar las gachas, derrita la mantequilla o la margarina en Full durante 30 a 60 segundos. Mezcle el resto de los ingredientes y vierta sobre el pollo. Cubrir con film transparente (film) y cortar dos veces para que suelte el vapor. Cocine completamente durante 8 minutos a 450 g/1 lb, girando la sartén cada 5 minutos. A la mitad de la cocción, apague el microondas y deje que el ave repose dentro durante 10 minutos, luego deje de cocinar. Deje reposar por otros 5 minutos. Transfiera a una tabla para tallar, cubra con papel aluminio y deje reposar durante 5 minutos antes de cortar.

pollo frito glaseado

Prepárelo como para el bistec, pero agregue 5 ml/1 cucharadita de melaza negra, 10 ml/2 cucharadita de azúcar morena, 5 ml/1 cucharadita de jugo de limón y 5 ml/1 cucharadita de salsa marrón a la mezcla. Permita otros 30 segundos de tiempo de cocción.

Pollo Tex-Mex

Cocinar como pollo frito. Después de cocinar, divida el ave en porciones y colóquelas en un recipiente limpio. Rocíe con salsa comprada en la tienda, medianamente picante al gusto. Espolvorear con 225 g de queso cheddar rallado. Caliente sin tapar en el modo Descongelar durante unos 4 minutos hasta que el queso se derrita y burbujee. Sirva con frijoles horneados enlatados y rodajas de aguacate, rociados con jugo de limón.

Gallina de coronación

1 pollo asado

45 ml/3 cucharadas de vino blanco

30 ml/2 cucharadas de puré de tomate (pasta)

30 ml / 2 cucharadas de chutney de mango

30 ml/2 cucharadas. mermelada de albaricoque tamizada (frotada) (enlatada)

30 ml/2 cucharadas de agua

Jugo de ½ limón

10 ml/2 cucharaditas de pasta de curry suave

10 ml/2 cucharaditas de jerez

300 ml / ½ pt / 1¼ tazas de mayonesa espesa

60 ml/4 cucharadas de nata montada

225 g / 8 oz / 1 taza de arroz de grano largo cocido

cortes de agua

Siga la receta del pollo asado, incluido el asado. Cuando la carne esté cocida, retírala de los huesos y córtala en trozos pequeños. Coloque en un tazón para mezclar. Vierta el vino en un recipiente y agregue el puré de tomate, el chutney, la mermelada, el agua y el jugo de limón. Caliente, tapado, hasta que esté listo, 1 minuto. Dejar enfriar. Mezclar con pasta de curry, jerez y mayonesa y verter la nata por encima. Mezclar con pollo. Coloque una cama de arroz en un plato grande para servir y vierta sobre la mezcla de pollo. Decorar con berros.

Pollo Verónica

1 pollo asado
1 cebolla, finamente rallada
25 g / 1 oz / 2 cucharadas de mantequilla o margarina
150 ml / ¼ pt / 2/3 taza de crema fresca
30 ml/2 cucharadas de vino de oporto blanco o jerez semiseco
60 ml/4 cucharadas mayonesa espesa
10ml/2 cucharaditas de mostaza preparada
5 ml/1 cucharadita de salsa de tomate (ketchup)
1 tallo de apio pequeño, picado
75g/3oz de uvas crudas sin semillas
Pequeños racimos de uvas verdes o rojas sin pepitas para decorar

Siga la receta del pollo asado, incluido el asado. Cuando la carne esté cocida, retírala de los huesos y córtala en trozos pequeños. Coloque en un tazón para mezclar. Coloque la cebolla en un tazón pequeño con la mantequilla o la margarina y cocine, sin tapar, durante 2 minutos. En un tercer recipiente, mezcle la crème fraîche, el oporto o el jerez, la mayonesa, la mostaza, la salsa de tomate y el apio. Agregue al pollo junto con las cebollas cocidas y las uvas. Vierta cuidadosamente en un plato para servir y adorne con racimos de uvas.

Pollo en salsa de vinagre con estragón

Adaptado de una receta descubierta en un restaurante popular en Lyon, Francia, a principios de la década de 1970.

1 pollo asado
25 g / 1 oz / 2 cucharadas de mantequilla o margarina
30 ml/2 cucharadas de harina de maíz (fécula de maíz)
15 ml/1 cucharada de puré de tomate (pasta)
45 ml/3 cucharadas de crema doble (pesada)
45 ml/3 cucharadas de vinagre de malta
Sal y pimienta negra recién molida

Siga la receta del pollo asado, incluido el asado. Cortar el ave cocida en seis trozos, cubrir con papel aluminio y mantener caliente en un plato. Para hacer la salsa, vierta los jugos de pollo en una jarra medidora y agregue agua caliente hasta 250 ml / 8 fl oz / 1 taza. Coloque la mantequilla o la margarina en un recipiente aparte y caliente sin tapar durante 1 minuto. Mezcle la harina de maíz, el puré de tomate, la crema y el vinagre, sazone con sal y pimienta negra recién molida. Agregue gradualmente los jugos de pollo calientes. Cocine, sin tapar, a temperatura alta durante 4-5 minutos hasta que espese y burbujee, batiendo cada minuto. Verter sobre el pollo y servir inmediatamente.

Pollo frito danés con relleno de perejil

Prepárelo como si fuera un bistec, pero haga algunos cortes en la piel del pollo crudo y agregue pequeñas ramitas de perejil. Agregue 25 g/1 oz/2 cucharadas de mantequilla de ajo a la cavidad del cuerpo. Luego proceda como se describe en la receta.

simla de pollo

Una especialidad angloindia que se remonta al período Raj.

1 pollo asado
15 ml/1 cucharada de mantequilla
5 ml/1 cucharadita de raíz de jengibre finamente picada
5 ml/1 cucharadita de puré de ajo (pasta)
2,5 ml / ½ cucharadita de cúrcuma
2,5 ml / ½ cucharadita de pimentón
5 ml/1 cucharadita de sal
300 ml / ½ pt / 1 ¼ tazas de crema batida
Aros de cebolla fritos (guisados), caseros o comprados, decorados

Siga la receta del pollo asado, incluido el asado. Una vez hecho esto, divida el ave en seis partes y manténgalas calientes en un plato o recipiente grande. Calentar la mantequilla en una olla de 600 ml/1 pt/2½ taza al máximo durante 1 minuto. Agrega el jengibre y el puré de ajo. Cocine a fuego lento sin tapar durante 1½ minutos. Agregue la cúrcuma, el pimentón y la sal, luego la crema. Caliente sin tapar durante 4-5 minutos hasta que la crema comience a burbujear, batiendo al menos cuatro veces. Verter sobre el pollo y decorar con aros de cebolla.

Pollo picante con coco y cilantro

Para 4 personas

Un plato de curry ligeramente picante de Sudáfrica.

8 porciones de pollo, total 1.25 kg/2¾ lbs
45 ml/3 cucharadas de coco deshidratado (rallado)
1 guindilla verde, de unos 8 cm/3 de largo, sin semillas y picada
1 diente de ajo, picado
2 cebollas, picadas
5ml/1 cucharadita de cúrcuma
5 ml/1 cucharadita de jengibre molido
10 ml/2 cucharaditas de curry suave en polvo
90 ml/6 cucharadas de cilantro picado grueso
150 ml / ¼ pt / 2/3 taza de leche de coco en lata
125 g/4 oz/½ taza de requesón con cebollín
sal
175 g/6 oz/¾ taza de arroz de grano largo, cocido
Chutney, para servir

Pelar el pollo. Colóquelo alrededor del borde de un plato hondo de 25 cm/10 de diámetro, presionando las piezas para que encajen perfectamente. Cubrir con film transparente (film) y cortar dos veces para que suelte el vapor. Hornee durante 10 minutos sobre el relleno, girando la sartén dos veces. Poner el coco en un bol con todos los demás ingredientes menos el arroz. Mezclar bien. Cubra el pollo y cubra con la mezcla de coco. Cubra como antes y cocine Full durante 10 minutos, girando la sartén cuatro veces. Servir en platos hondos sobre un montículo de arroz con chutney por separado.

conejo picante

Para 4 personas

Haga pollo picante con coco y cilantro, pero reemplace el pollo con ocho porciones de conejo.

Pavo picante

Para 4 personas

Haga un pollo picante con coco y cilantro, pero reemplace el pollo con ocho filetes de pechuga de pavo deshuesados de 175 g/6 oz.

Bredie de pollo con tomates

Para 6

Un guiso sudafricano elaborado con una combinación de los ingredientes más populares.

30 ml/2 cucharadas de aceite de girasol o maíz
3 cebollas, finamente picadas
1 diente de ajo, finamente picado
1 chile verde pequeño, sin hueso y picado
4 tomates, blanqueados, pelados y rebanados
750 g/1½ lb de pechugas de pollo deshuesadas, cortadas en cubos pequeños
5 ml / 1 cucharadita de azúcar moreno suave oscuro
10 ml/2 cucharaditas de puré de tomate (pasta)
7,5-10 ml / 1½-2 cucharaditas de sal

Vierta el aceite en un plato hondo de 25 cm/10 de diámetro. Agregue la cebolla, el ajo y el chile y mezcle bien. Cocine sin tapar durante 5 minutos. Agregue el resto de los ingredientes al tazón y use una huevera para hacer un pequeño hueco en el centro para que la mezcla forme un anillo. Cubrir con film transparente (film) y cortar dos veces para que suelte el vapor. Hornee en el horno durante 14 minutos, girando la sartén cuatro veces. Deje reposar durante 5 minutos antes de servir.

Pollo hervido rojo chino

Para 4 personas

Guiso chino refinado, donde el pollo adquiere un color caoba en la salsa. Coma con mucho arroz cocido para absorber los jugos salados.

6 hongos chinos secos
8 muslos de pollo grandes, 1 kg/2¼ lb en total
1 cebolla grande, rallada
60 ml/4 cucharadas de jengibre en conserva finamente picado
75 ml/5 cucharadas de jerez dulce
15 ml/1 cucharada de melaza negra
Cáscara rallada de 1 mandarina o fruta cítrica esponjosa similar
50 ml/2 fl oz/3½ tazas de salsa de soya

Remojar los champiñones en agua caliente durante 30 minutos. Escurrir y cortar en tiras. Corte las partes carnosas de los muslos y colóquelos en un plato hondo de 25 cm/10 de diámetro, con los extremos del hueso en el centro. Cubrir con film transparente (film) y cortar dos veces para que suelte el vapor. Hornee en el horno durante 12 minutos, girando la sartén tres veces. Mezcle el resto de los ingredientes, incluidos los champiñones, y vierta sobre el pollo. Cubra como antes y cocine durante 14 minutos completos. Deje reposar durante 5 minutos antes de servir.

Alitas de pollo aristocráticas

Para 4 personas

Una receta china centenaria preferida por la élite y que se come con fideos de huevo.

8 hongos chinos secos
6 cebolletas, picadas en trozos grandes
15 ml/1 cucharada de aceite de maní
900 g/2 libras de alitas de pollo
225 g/8 oz de brotes de bambú picados enlatados
30 ml/2 cucharadas de harina de maíz (fécula de maíz)
45 ml/3 cucharadas de vino de arroz chino o jerez semiseco
60 ml/4 cucharadas de salsa de soja
10 ml/2 cucharaditas de raíz de jengibre fresca finamente picada

Remojar los champiñones en agua caliente durante 30 minutos. Escurrir y cortar en cuartos. Coloque la cebolla y el aceite en un plato hondo de 25 cm/10 de diámetro. Cocine sin tapar a fuego máximo durante 3 minutos. Revuelva. Coloca las alitas de pollo en el recipiente, dejando un pequeño hueco en el centro. Cubrir con film transparente (film) y cortar dos veces para que suelte el vapor. Hornee en el horno durante 12 minutos, girando la sartén tres veces. revelar Cepille el frasco con brotes de bambú y líquido y espolvoree con champiñones. Mezcle suavemente la harina de maíz con el vino de arroz o el jerez. Agrega el resto de los ingredientes. Vierta sobre el pollo y las verduras. Cubra como antes y cocine Full durante 10-12 minutos hasta que el líquido comience a burbujear. Deje reposar durante 5 minutos antes de servir.

chow mein de pollo

Para 4 personas

½ pepino, pelado y cortado en cubitos
275 g/10 oz/2½ tazas de pollo cocido frío, cortado en cubos pequeños
450g/1lb verduras frescas para asar
30 ml/2 cucharadas de salsa de soja
30 ml/2 cucharadas de jerez medio seco
5 ml/1 cucharadita de aceite de sésamo
2,5 ml / ½ cucharadita de sal
Fideos chinos hervidos, servidos

Coloque el pepino y el pollo en una cacerola de 1.75 cuartos/3 pintas/7½ tazas. Mezclar todos los ingredientes restantes. Cubra con un plato grande y hornee en horno completo durante 10 minutos. Deje reposar durante 3 minutos antes de servir con fideos chinos.

Chuleta Suey De Pollo

Para 4 personas

Haga como Chicken Chow Mein, pero reemplace los fideos con arroz de grano largo cocido.

Pollo chino marinado rápido

3 porciones

Sabor auténtico, pero lo más rápido posible. Sirva con arroz o fideos y encurtidos chinos.

6 muslos de pollo grandes, alrededor de 750 g/1½ lb en total
125 g / 4 oz / 1 taza de granos de maíz dulce, semidescongelados si están congelados
1 puerro picado
60 ml/4 cucharadas. marinada china comprada

Coloque el pollo en un recipiente hondo y agregue los ingredientes restantes. Mezclar bien. Cubra y enfríe durante 4 horas. Mezclar todo junto. Transfiera el pollo a un plato hondo de 23 cm/9, colocándolo alrededor del borde. Cubrir con film transparente (film) y cortar dos veces para que suelte el vapor. Cocine en modo completo durante 16 minutos, girando la sartén cuatro veces. Deje reposar durante 5 minutos antes de servir.

Pollo de Hong Kong con vegetales mixtos y brotes de soja

Sirve 2-3

4 hongos chinos secos
1 cebolla grande, picada
1 zanahoria, rallada
15 ml/1 cucharada de aceite de maní
2 dientes de ajo, picados
225 g / 8 oz / 2 tazas de pollo cocido cortado en tiras
275 g/10 onzas de frijoles
15 ml/1 cucharada de salsa de soja
1,5 ml/¼ de cucharadita de aceite de sésamo
Una buena pizca de pimienta de cayena
2,5 ml / ½ cucharadita de sal
Servido con arroz hervido o fideos chinos

Remojar los champiñones en agua caliente durante 30 minutos. Escurrir y cortar en tiras. Coloque la cebolla, la zanahoria y el aceite en una cacerola de 1,75 cuartos/3 cuartos/7½ tazas. Cocine sin tapar a fuego máximo durante 3 minutos. Mezclar con el resto de los ingredientes. Cubrir con film transparente (film) y cortar dos veces para que suelte el vapor. Cocine durante 5 minutos en el relleno, girando la sartén tres veces. Deje reposar durante 5 minutos antes de servir con arroz o pasta.

Pollo con salsa Golden Dragon

Para 4 personas

4 piezas grandes de pollo carnoso, 225 g/8 oz cada una, con piel
Harina común (para todo uso)
1 cebolla pequeña, picada
2 dientes de ajo, picados
30 ml/2 cucharadas de salsa de soja
30 ml/2 cucharadas de jerez medio seco
30 ml/2 cucharadas de aceite de maní
60 ml/4 cucharadas de jugo de limón
60 ml/4 cucharadas de azúcar moreno blando claro
45 ml/3 cucharadas disueltas y tamizadas (puré) de mermelada de albaricoque (enlatada)
5 ml/1 cucharadita de cilantro molido (cilantro)
3-4 gotas de salsa picante
Se sirve ensalada de brotes de soja y fideos chinos.

Cortar las partes gruesas de los músculos del pollo en varios lugares con un cuchillo afilado, espolvorear con harina y luego colocar en un plato hondo de 25 cm/10 de diámetro. Mezcle bien los ingredientes restantes. Vierta sobre el pollo. Cubra el plato sin apretar con papel de cocina y deje marinar en el refrigerador durante 4-5 horas, girando las juntas dos veces. Coloque los lados cortados hacia arriba, luego cubra el plato con film transparente (plástico) y haga dos cortes para permitir que escape el vapor. Hornee durante 22 minutos, girando la sartén cuatro veces. Servir sobre una cama de pasta y rociar con los jugos del plato.

Alitas de pollo al jengibre con ensalada

Sirve 4-5

1 lechuga cos (romaine) grande, picada
2,5 cm/1 pieza de raíz de jengibre, en rodajas finas
2 dientes de ajo, picados
15 ml/1 cucharada de aceite de maní
300 ml/½ pt/1¼ taza de caldo de pollo hirviendo
30 ml/2 cucharadas de harina de maíz (fécula de maíz)
2,5 ml/½ cucharadita de polvo de cinco especias
60 ml/4 cucharadas de agua fría
5 ml/1 cucharadita de salsa de soja
5 ml/1 cucharadita de sal
1 kg / 2¼ lb de alitas de pollo
Servido con arroz hervido o fideos chinos

Agregue lechuga, jengibre, ajo y aceite a una cacerola bastante grande (horno holandés). Cubra con un plato y cocine durante 5 minutos completos. Abrir y verter el caldo hirviendo. Mezcle la harina de maíz y el polvo de cinco especias con agua fría hasta que quede suave.

Agregue la salsa de soya y la sal. Agregue las alitas de pollo a la mezcla de ensalada, revolviendo suavemente hasta que estén bien combinados. Cubrir con film transparente (film) y cortar dos veces para que suelte el vapor. Cocine por completo durante 20 minutos, girando la sartén cuatro veces. Deje reposar durante 5 minutos antes de servir con arroz o pasta.

Pollo al coco de Bangkok

Para 4 personas

Un artículo genuino hecho en mi cocina por un joven amigo tailandés.

4 pechugas de pollo deshuesadas, 175 g/6 oz cada una
200 ml / 7 fl oz / aproximadamente 1 taza de coco deshidratado
Zumo de 1 lima
30 ml/2 cucharadas de agua fría
2 dientes de ajo, picados
5 ml/1 cucharadita de sal
1 tallo de hierba de limón, cortado por la mitad a lo largo, o 6 hojas de melisa
2-6 pimientos verdes o 1,5-2,5 ml/¼-½ cucharadita de pimiento rojo seco en polvo
4-5 hojas de lima frescas
20 ml/4 cucharaditas de cilantro picado (cilantro)
175 g/6 oz/¾ taza de arroz de grano largo, cocido

Coloque el pollo alrededor del borde de un plato hondo de 20 cm/8 de diámetro, dejando un hueco en el centro. Cubrir con film transparente (film) y cortar dos veces para que suelte el vapor. Hornee por completo durante 6 minutos, girando la sartén dos veces. Mezcle la crema de coco, el jugo de lima y el agua, luego mezcle el ajo, la sal y vierta sobre el pollo. Espolvorear con hierba de limón o hojas de melisa, pimentón y hojas de lima al gusto. Tape como antes y cocine durante 8 minutos completos, girando la sartén tres veces. Dejar reposar durante 5 minutos. Destape y agregue el cilantro, luego sirva con arroz.

pollo Satay

8 porciones como entrada, 4 como plato principal

Para la marinada:
30 ml/2 cucharadas de aceite de maní
30 ml/2 cucharadas de salsa de soja
1 diente de ajo, picado
900 g/2 lb de pechuga de pollo deshuesada, en cubos

Para la Salsa Satay:
10 ml/2 cucharaditas de aceite de maní
1 cebolla, picada
2 pimientos verdes, cada uno de unos 8 cm/3 de largo, sin corazón y finamente picados
2 dientes de ajo, picados
150 ml / ¼ pt / 2/3 taza de agua hirviendo
60 ml/4 cucharadas de mantequilla de maní crujiente

10 ml/2 cucharaditas de vinagre de vino
2,5 ml / ½ cucharadita de sal
175 g / 6 oz / ¾ taza de arroz de grano largo, cocido (opcional)

Para preparar la marinada, mezcle el aceite, la salsa de soya y el ajo en un tazón y agregue el pollo, mezcle bien. Cubra y refrigere durante 4 horas en invierno, 8 horas en verano.

Para hacer la salsa, vierte el aceite en un plato o tazón mediano y agrega la cebolla, el chile y el ajo. Antes de que la salsa esté lista, ensarte los cubos de pollo en ocho brochetas engrasadas. Coloque cuatro en un plato grande como los rayos de una rueda. Cocine sin tapar a fuego máximo durante 5 minutos, volteando una vez. Repita con las cuatro varillas restantes. Manténgase caliente. Para terminar la salsa, tapamos el bol con film transparente (plástico) y hacemos dos cortes para que salga el vapor. Cocine hasta que esté listo durante 2 minutos. Agregue el agua hirviendo, la mantequilla de maní, el vinagre y la sal. Cocine sin tapar durante 3 minutos, revolviendo una vez. Dejar reposar por 30 segundos y servir con arroz como plato principal.

pollo con maní

Para 4 personas

4 pechugas de pollo deshuesadas, 175 g/6 oz cada una
125 g/4 oz/½ taza de mantequilla de maní suave
2,5 ml/½ cucharadita de jengibre molido
2,5 ml/½ cucharadita de sal de ajo

10 ml/2 cucharaditas de curry suave en polvo
Salsa Hoisin China
Fideos chinos hervidos, servidos

Coloque el pollo alrededor del borde de un plato hondo de 23 cm/9 de diámetro, dejando un hueco en el centro. Coloque la mantequilla de maní, el jengibre, la sal de ajo y el curry en polvo en una cacerola pequeña y caliéntela sin tapar en Full durante 1 minuto. Extienda uniformemente sobre el pollo, luego cepille ligeramente con salsa hoisin. Cubrir con film transparente (film) y cortar dos veces para que suelte el vapor. Cocine en modo completo durante 16 minutos, girando la sartén cuatro veces. Deje reposar durante 5 minutos antes de servir con fideos chinos.

pollo indio con yogur

Para 4 personas

Montaje de curry rápido y sin complicaciones. Es bajo en grasas, por lo que se recomienda para adelgazar, tal vez con coliflor y una o dos rebanadas de pan con semillas.

750g/1½lb muslos de pollo sin piel
150 ml/¼ pt/2/3 taza de yogur natural
15 ml/1 cucharada de leche
5 ml/1 cucharadita de garam masala
1,5 ml/¼ de cucharadita de cúrcuma
5 ml/1 cucharadita de jengibre molido

5 ml/1 cucharadita de cilantro molido (cilantro)

5 ml/1 cucharadita de comino molido

15 ml/1 cucharada de aceite de maíz o de girasol

45 ml/3 cucharadas de agua caliente

60 ml/4 cucharadas de cilantro picado grueso, para decorar

Coloque el pollo en un plato hondo de 30 cm/12 de diámetro. Mezcle todos los ingredientes restantes y vierta sobre el pollo. Cubra con una tapa y deje marinar en el refrigerador durante 6-8 horas. Cubrir con un plato y calentar en Full durante 5 minutos. Agregue el pollo. Tapamos la fuente con film transparente (film) y hacemos dos cortes para que salga el vapor. Cocine por completo durante 15 minutos, girando la sartén cuatro veces. Dejar reposar durante 5 minutos. Antes de servir, abra la tapa y espolvoree con cilantro picado.

pollo japonés con huevo

Para 4 personas

100 ml / 3½ fl oz / 6½ cucharadas de caldo de pollo o carne caliente

60 ml/4 cucharadas de jerez medio seco

30 ml/2 cucharadas de salsa teriyaki

15 ml/1 cucharada azúcar moreno suave claro

250 g / 9 oz / 1¼ tazas de pollo cocido, cortado en tiras

4 huevos grandes, batidos

175 g/6 oz/¾ taza de arroz de grano largo, cocido

Vierta el caldo, el jerez y la salsa teriyaki en un plato hondo de 18 cm/7 de diámetro. Agregue el azúcar. Cubrir con film transparente (film) y cortar dos veces para que suelte el vapor. Cocine hasta que esté listo durante 5 minutos. Abrir y revolver. Mezcle el pollo y cubra con los huevos. Cocine sin tapar a fuego máximo durante 6 minutos, girando la sartén tres veces. Para servir, vierta el arroz en cuatro tazones calientes y cubra con la mezcla de pollo y huevo.

Estofado De Pollo A La Portuguesa

Para 4 personas

25 g / 1 oz / 2 cucharadas de mantequilla o margarina o 25 ml / 1 ½ cucharada de aceite de oliva

2 cebollas, en cuartos

2 dientes de ajo, picados

4 piezas de pollo, total 900g/2lbs

125 g/4 oz/1 taza jamón cocido, cortado en cubos pequeños

3 tomates, blanqueados, pelados y picados

150 ml/¼ pt/2/3 taza de vino blanco seco

10 ml/2 cucharaditas de mostaza francesa

7,5-10 ml / 1½-2 cucharaditas de sal

Coloque la mantequilla, la margarina o el aceite en una cacerola de 20 cm/8 de diámetro (horno holandés). Caliente, tapado, hasta que esté listo, 1 minuto. Agregue la cebolla y el ajo. Cocine sin tapar a fuego máximo durante 3 minutos. Agrega el pollo. Cubrir con film transparente (film) y cortar dos veces para que suelte el vapor. Hornee durante 14 minutos, girando la sartén dos veces. Mezclar con el resto de los ingredientes. Cubra como antes y cocine Full durante 6 minutos. Deje reposar durante 5 minutos antes de servir.

Estofado de pollo picante al estilo inglés

Para 4 personas

Prepárelo como para la cazuela de pollo a la portuguesa, pero reemplace el vino con sidra medianamente seca y agregue 5 cuartos de galón de nueces en escabeche con los demás ingredientes. Deja el tiempo de cocción por 1 minuto más.

Compromiso Pollo Tandoori

8 porciones como entrada, 4 como plato principal

Plato indio cocinado tradicionalmente en horno de barro o tandoor, esta versión para microondas es perfectamente aceptable.

8 piezas de pollo, alrededor de 1,25 kg/2¾ lbs
250 ml / 8 fl oz / 1 taza de yogur natural estilo griego espeso
30 ml/2 cucharadas de mezcla de condimentos tandoori
10 ml/2 cucharaditas de cilantro molido (cilantro)
5 ml/1 cucharadita de pimentón
5ml/1 cucharadita de cúrcuma
30 ml/2 cucharadas de jugo de limón
2 dientes de ajo, picados
7,5 ml / 1½ cucharadita de sal
Servir con pan indio y una ensalada mixta.

Cortar las partes carnosas del pollo en varios lugares. Batir ligeramente el yogur junto con todos los ingredientes restantes. Coloque el pollo en un plato hondo de 25 cm/10 de diámetro y cepille con la mezcla de tandoori. Cubra sin apretar con papel de cocina y deje marinar en el refrigerador durante 6 horas. Dar la vuelta, pintar con la marinada y poner en el frigorífico, tapado como antes, durante otras 3-4 horas. Cubrir con film transparente (film) y cortar dos veces para que suelte el vapor. Cocine por completo durante 20 minutos, girando la sartén cuatro veces. Abre el plato y dale la vuelta al pollo. Cubra nuevamente con film transparente y cocine en Full por otros 7 minutos. Deje reposar durante 5 minutos antes de servir.

Pastel de queso con mantequilla de frutas y nueces

Sirve 8-10

Una tarta de queso estilo continental, de las que encontrarías en una pastelería de alta gama.

45 ml/3 cucharadas de almendras fileteadas (picadas)
75 g / 3 oz / 2/3 taza de mantequilla
175 g/6 oz/1½ tazas de galletas de avena (galletas) o galletas digestivas (galletas integrales) desmoronadas
450 g / 1 lb / 2 tazas de queso cottage (queso cottage suave) a temperatura ambiente
125 g/4 oz/½ taza de azúcar fina (muy fina)
15 ml/1 cucharada de harina de maíz (fécula de maíz)
3 huevos, temperatura de cocina, batidos
½ lima fresca o jugo de lima
30 ml/2 cucharadas de pasas

Coloque las almendras en un plato y tueste sin la tapa en el plato completo durante 2-3 minutos. Derrita la mantequilla sin la tapa en el modo de descongelación durante 2-2,5 minutos. Engrase con cuidado un molde para pastel de 20 cm/8 de diámetro y espolvoree la base y los lados con migas de galleta. Triture el queso con todos los ingredientes restantes y mezcle las almendras y la mantequilla derretida. Distribuir uniformemente sobre las migas de galleta y cubrir sin apretar con papel de cocina. Cocine en modo descongelar durante 24 minutos, girando la sartén cuatro veces. Retire del microondas y deje enfriar. Enfriar durante al menos 6 horas antes de rebanar.

Pastel de jengibre enlatado

8 porciones

225 g/8 oz/2 tazas de harina leudante (autoleudante)
10 ml / 2 cucharaditas. condimentos mixtos (pastel de manzana)
125 g/4 oz/½ taza de mantequilla o margarina a temperatura ambiente
125 g / 4 oz / ½ taza de azúcar morena suave y liviana
100 g/4 oz/1 taza de jengibre enlatado picado en almíbar
2 huevos batidos
75 ml/5 cucharadas de leche fría
Azúcar glas (dulce) para espolvorear

Cubra una fuente para soufflé de 20 cm/8 de diámetro o una fuente similar de lados rectos con film transparente (envoltura de plástico) para que cuelgue ligeramente por el borde. Tamizar la harina y las especias en un bol. Frote con mantequilla o margarina. Agregue el azúcar y el jengibre con un tenedor, asegurándose de que estén distribuidos uniformemente. Mezclar con el huevo y la leche hasta obtener una consistencia blanda. Cuando la mezcla esté uniformemente mezclada, vierta en el plato preparado y cubra ligeramente con toallas de papel. Hornee en el horno completo durante 6½ a 7½ minutos, hasta que el pastel esté bien levantado y se despegue de los lados. Deje reposar durante 15 minutos. Colócalo sobre la rejilla mientras sujetas el film transparente. Una vez enfriado, retire el papel aluminio y guarde el pastel en un recipiente hermético. Espolvorear con azúcar en polvo antes de servir.

Pastel de jengibre en lata con naranja

8 porciones

Prepárelo como un pastel de jengibre enlatado, pero agregue la cáscara rallada gruesa de 1 naranja pequeña con los huevos y la leche.

Pastel de miel con nueces

Sirve 8-10

La estrella del pastel, llena de dulzura y luz. Es de origen griego, donde se le conoce como karithopitta. Servir con café al final de la comida.

Como base:

100 g/3½ oz/½ taza de mantequilla, a temperatura ambiente

175 g/6 oz/¾ taza de azúcar moreno suave claro

4 huevos, temperatura de cocina

5 ml/1 cucharadita esencia de vainilla (extracto)

10 ml/2 cucharaditas de bicarbonato de sodio (bicarbonato de sodio)

10 ml/2 cucharaditas de levadura en polvo

5 ml/1 cucharadita de canela molida

75 g/3 oz/¾ taza de harina normal (para todo uso)

75 g/3 oz/¾ taza de harina de maíz (fécula de maíz)

100 g / 3½ oz / 1 taza de almendras rebanadas (picadas)

Para el almíbar:

200 ml / 7 fl oz / aproximadamente 1 taza de agua tibia

60 ml/4 cucharadas de azúcar moreno blando oscuro

5 cm/2 piezas de palitos de canela

5 ml/1 cucharadita de jugo de limón

150 g / 5 oz / 2/3 taza de miel oscura clara

Para decoración:
60 ml/4 cucharadas de mezcla de nueces picadas
30 ml/2 cucharadas de miel clara oscura

Para preparar la base, cubra el fondo y los lados de un plato para suflé de 18 cm/7 de diámetro con film transparente (envoltura de film) de modo que cuelgue ligeramente por el borde. Coloque todos los ingredientes excepto las almendras en el tazón de un procesador de alimentos y procese hasta que quede suave. Sala las almendras brevemente para que no se rompan demasiado. Extender la masa resultante en el recipiente preparado y cubrir ligeramente con papel de casa. Llevar a Horno Completo durante 8 minutos, girando la fuente dos veces, hasta que el bizcocho haya subido notablemente y queden pequeñas bolsas de aire encima. Dejar reposar durante 5 minutos, luego convertir en un plato de servir poco profundo y quitar la película adhesiva.

Para hacer el almíbar, coloque todos los ingredientes en una jarra y hierva sin tapar durante 5-6 minutos o hasta que la mezcla comience a burbujear. Observa atentamente para ver si comienza a hervir. Deje reposar durante 2 minutos, luego revuelva suavemente con una cuchara de madera para mezclar los ingredientes de manera uniforme. Verter lentamente sobre el bizcocho hasta que se absorba todo el líquido. Mezcla las nueces y la miel en un tazón pequeño. Caliente sin tapar a máxima potencia durante 1½ minutos. Vierta la mantequilla sobre el pastel.

Pastel de miel de jengibre

Servido a las 10-12

45ml/3 cucharadas de mermelada de naranja
225 g / 8 oz / 1 taza de miel oscura clara
2 huevos
125 ml / 4 fl oz / ½ taza de aceite de maíz o girasol
150 ml / ¼ pt / 2/3 taza de agua tibia
250g / 9oz / generoso 2 tazas de harina con levadura (autoleudante)
5 ml/1 cucharadita de bicarbonato de sodio (bicarbonato de sodio)
3 cucharaditas de jengibre molido
10 ml/2 cucharaditas de pimienta de Jamaica molida
5 ml/1 cucharadita de canela molida

Forre una fuente de soufflé honda de 1,75 cuartos de galón/3 pintas/7½ tazas con film transparente (envoltura de plástico) para que cuelgue ligeramente por el borde. Coloque la mermelada, la miel, los huevos, el aceite y el agua en un procesador de alimentos y mezcle hasta que quede suave, luego apague. Tamice todos los ingredientes restantes y colóquelos en un procesador de alimentos. Encienda la máquina hasta que la mezcla esté bien mezclada. Vierta en la forma preparada y cubra ligeramente con toallas de papel. Hornee en el horno completo durante 10-10½ minutos, hasta que el pastel haya subido bien y esté cubierto con pequeños agujeros de aire. Deje que el plato se enfríe casi por completo, luego transfiéralo a una rejilla cubierta con film transparente. Retire con cuidado la película y deje enfriar por completo. Guárdelo en un recipiente hermético durante 1 día antes de cortarlo.

Pastel de sirope de jengibre

Servido a las 10-12

Haga como un pastel de miel de jengibre, pero reemplace la miel con jarabe dorado (maíz claro).

Pan de jengibre tradicional

Sirve 8-10

La historia de invierno definitiva, imprescindible para Halloween y la noche de Guy Fawkes.

175 g/6 oz/1½ tazas de harina normal (para todo uso)
15 ml/1 cucharada de jengibre molido
5 ml/1 cucharadita de pimienta de Jamaica molida
10 ml/2 cucharaditas de bicarbonato de sodio (bicarbonato de sodio)
125 g/4 oz/1/3 taza de jarabe dorado (maíz claro)
25 ml/1½ cucharada de melaza negra
30 ml/2 cucharadas de azúcar moreno blando oscuro

45 ml/3 cucharadas de manteca de cerdo o grasa blanca (manteca vegetal)
1 huevo grande, batido
60 ml/4 cucharadas de leche fría

Cubra bien el fondo y los lados de una lata de soufflé de 15 cm/6 de diámetro con film transparente (envoltura de plástico) para que cuelgue ligeramente por el borde. Tamiza la harina, el jengibre, la pimienta de Jamaica y el bicarbonato de sodio en un tazón. En otro tazón, agregue el almíbar, la melaza, el azúcar y la grasa y caliente sin tapar durante 2,5 a 3 minutos hasta que la grasa se haya derretido. Mezclar bien. Mezclar los ingredientes secos con el huevo y la leche con un tenedor. Después de mezclar bien, verter en el recipiente preparado y cubrir ligeramente con papel de cocina. Hornee en el horno completo durante 3-4 minutos, hasta que el pan de jengibre haya subido bien y esté ligeramente brillante en la parte superior. Deje reposar durante 10 minutos. Colócalo sobre la rejilla mientras sujetas el film transparente. Retire la envoltura de plástico y guarde el pan de jengibre en un recipiente hermético durante 1 o 2 días antes de cortarlo.

pan de jengibre naranja

Sirve 8-10

Prepárelo como pan de jengibre tradicional, pero agregue la cáscara finamente rallada de 1 naranja pequeña con huevo y leche.

Tarta de café con albaricoque

8 porciones

4 galletas digestivas (galletas integrales), finamente trituradas
225 g/8 oz/1 taza de mantequilla o margarina, a temperatura ambiente
225 g/8 oz/1 taza de azúcar moreno oscuro suave
4 huevos, temperatura de cocina
225 g/8 oz/2 tazas de harina leudante (autoleudante)
75 ml/5 cucharadas de café y esencia de achicoria (extracto)

425 g/14 oz/1 lata grande de albaricoques partidos por la mitad, escurridos
300 ml/½ pt/1¼ taza de crema doble (pesada)
90ml/6 cucharadas de almendras tostadas fileteadas

Engrase dos platos poco profundos de 20 cm/8 pulgadas de diámetro con mantequilla derretida, luego cubra el fondo y los lados con migas de galleta. Mezcle la mantequilla, la margarina y el azúcar hasta que quede suave y esponjoso. Batir los huevos uno a la vez, agregando 15 ml/1 cucharada a cada uno. de harina. Mezclar el resto de la harina alternativamente con 45 ml/3 cucharadas de esencia de café. Extienda uniformemente entre los platos preparados y cubra sin apretar con papel de cocina. Hornee uno a la vez en modo completo durante 5 minutos. Deje que los moldes se enfríen durante 5 minutos, luego desmolde sobre una rejilla. Picar tres albaricoques y reservar el resto. Montar la nata con la esencia de café restante hasta formar una espuma espesa. Retire aproximadamente una cuarta parte de la piel y mezcle con los albaricoques picados. Úselo para batir los pasteles juntos. Cubra la parte superior y los lados con la crema restante.

Tarta romana de piña

8 porciones

Haga como un pastel de café y albaricoques, pero omita los albaricoques. Sazone la crema con 30 ml/2 cucharadas de ron oscuro, no con esencia de café (extracto). Mezcle 2 flores de piña enlatadas picadas en tres cuartas partes de la crema y utilícelas para sándwiches de pastel. Cubre la parte superior y los lados con la crema restante y decora con aros de piña partidos por la mitad. Si lo desea, con cerezas glaseadas verdes y amarillas (sumadas).

rica torta navideña

Rinde 1 pastel familiar grande

Un hermoso pastel lleno de brillo navideño y bien surtido de alcohol. Manténgalo simple o cúbralo con mazapán (pasta de almendras) y glaseado blanco (glaseado).

200 ml / 7 fl oz / 1 taza pequeña de jerez dulce
75 ml/5 cucharadas de brandy
5 ml/1 cucharadita de condimentos mixtos (pastel de manzana)
5 ml/1 cucharadita esencia de vainilla (extracto)
10 ml / 2 cucharaditas de azúcar moreno suave oscuro
350 g/12 oz/2 tazas de frutas secas mixtas (mezcla para pastel de frutas)

15 ml/1 cucharada de nata mixta troceada
15 ml/1 cucharada de cerezas rojas glaseadas (confitadas)
50 g/2 oz/1/3 taza de albaricoques secos
50 g/2 oz/1/3 taza de dátiles picados
Cáscara finamente rallada de 1 naranja pequeña
50 g/2 oz/½ taza de nueces picadas
125 g/4 oz/½ taza de mantequilla sin sal (dulce), derretida
175 g/6 oz/¾ taza de azúcar moreno oscuro suave
125 g/4 oz/1 taza de harina leudante (autoleudante)
3 huevos pequeños

Coloque el jerez y el brandy en un tazón grande para mezclar. Cubra con un plato y cocine en Full durante 3-4 minutos hasta que la mezcla comience a burbujear. Agregue especias, vainilla, 10 ml/2 cucharaditas de azúcar moreno, frutas secas, crema mixta, cerezas, albaricoques, dátiles, cáscara de naranja y nueces. Mezclar bien. Cubra con un plato y vuelva a calentar en el modo de descongelación durante 15 minutos, revolviendo cuatro veces. Dejar toda la noche para que los sabores maduren. Forre una fuente para soufflé de 20 cm/8 de diámetro con film transparente (envoltura de plástico) de modo que cuelgue ligeramente por el borde. Mezcle la mantequilla, el azúcar moreno, la harina y los huevos en la mezcla para pastel. Vierta en el molde preparado y cúbralo con papel de cocina. Cocine en modo descongelar durante 30 minutos, volteando cuatro veces. Déjalo reposar en el microondas durante 10 minutos. Deje enfriar hasta que esté tibio, luego transfiéralo con cuidado a la parrilla mientras sostiene la película adhesiva. Cuando el bizcocho se haya enfriado, retiramos el film transparente. Para almacenar, envuélvalos en papel resistente a la grasa (encerado) de doble grosor y luego vuelva a envolverlos en papel de aluminio. Refrigere durante aproximadamente 2 semanas antes de cubrir y glasear.

Un pastel Simnel rápido

Rinde 1 pastel familiar grande

Sigue la rica receta de pastel navideño y guarda por 2 semanas. El día antes de servir, corta el bizcocho por la mitad en dos capas. Unte mermelada de albaricoque derretida (enlatada) en ambos lados cortados y haga un sándwich con 225-300 g/8-11 oz de mazapán (pasta de almendras) enrollado en un círculo grueso. Decora la parte superior con huevos de Pascua y pollos en miniatura comprados en la tienda.

pastel de semillas

8 porciones

Un recuerdo de los viejos tiempos, conocido en Gales como rebanada de pastel.

225 g/8 oz/2 tazas de harina leudante (autoleudante)
125 g/4 oz/½ taza de mantequilla o margarina
175 g/6 oz/¾ taza de azúcar moreno suave claro
cáscara finamente rallada de 1 limón
10-20 ml/2-4 cucharaditas de comino
10 ml/2 cucharaditas de nuez moscada rallada

2 huevos batidos

150 ml / ¼ pt / 2/3 taza de leche fría

75 ml / 5 cucharadas. azúcar en polvo (productos de confitería), tamizada

10-15 ml/2-3 cucharaditas de jugo de limón

Cubra bien el fondo y los lados de una lata de soufflé de 20 cm/8 de diámetro con film transparente (envoltura de plástico) para que cuelgue ligeramente por el borde. Tamizar la harina en un bol y frotar con mantequilla o margarina. Agregue el azúcar moreno, la ralladura de limón, el comino y la nuez moscada y mezcle los huevos y la leche con un tenedor hasta obtener una masa suave y bastante suave. Transfiera al plato preparado y cubra sin apretar con papel de cocina. Hornee en el horno completo durante 7-8 minutos, girando la sartén dos veces, hasta que el pastel suba a la parte superior de la sartén y hayan aparecido pequeños agujeros en la superficie. Dejar reposar durante 6 minutos y luego desmoldar sobre la parrilla. Cuando esté completamente frío, retire la película adhesiva y voltee el pastel con el lado derecho hacia afuera. Mezcle azúcar en polvo y jugo de limón para hacer una pasta espesa. Extender sobre la torta.

pastel de frutas sencillo

8 porciones

225 g/8 oz/2 tazas de harina leudante (autoleudante)
10 ml / 2 cucharaditas. condimentos mixtos (pastel de manzana)
125 g/4 oz/½ taza de mantequilla o margarina
125 g / 4 oz / ½ taza de azúcar morena suave y liviana
175 g/6 oz/1 taza de frutas secas mixtas (mezcla para pastel de frutas)
2 huevos
75 ml/5 cucharadas de leche fría

75 ml/5 cucharadas de azúcar en polvo (repostería).

Forre una fuente para suflé de 18 cm/7 de diámetro con film transparente (envoltura de plástico) para que cuelgue ligeramente por el borde. Tamizar la harina y las especias en un bol y frotar con mantequilla o margarina. Añadir azúcar y frutos secos. Batir los huevos y la leche y verter en los ingredientes secos, mezclar con un tenedor hasta que quede suave. Vierta en el molde preparado y cúbralo con papel de cocina. Hornee en el horno completo durante 6½ a 7 minutos, hasta que el pastel se haya levantado bien y comience a separarse del borde de la sartén. Retire del microondas y deje reposar durante 10 minutos. Colócalo sobre la rejilla mientras sujetas el film transparente. Cuando esté completamente frío, retire la película adhesiva y espolvoree la parte superior con azúcar glas tamizada.

Tarta de dátiles y nueces

8 porciones

Haga como un simple pastel de frutas, pero reemplace las frutas secas con una mezcla de dátiles picados y nueces.

pastel de zanahoria

8 porciones

Una vez llamado el pastel del paraíso, la importación transatlántica ha estado con nosotros durante años y no ha perdido su atractivo.

Para el pastel:
3-4 zanahorias, cortadas en trozos
50 g / 2 oz / ½ taza de nueces picadas
50 g/2 oz/½ taza de dátiles picados rebozados en azúcar
175 g/6 oz/¾ taza de azúcar moreno suave claro
2 huevos grandes, temperatura ambiente

175 ml / 6 fl oz / ¾ taza de aceite de girasol
5 ml/1 cucharadita esencia de vainilla (extracto)
30 ml/2 cucharadas de leche fría
150 g / 5 oz / 1¼ tazas de harina normal (para todo uso)
5 ml/1 cucharadita de levadura en polvo
4 ml/¾ cucharadita de bicarbonato de sodio (bicarbonato de sodio)
5 ml/1 cucharadita de condimentos mixtos (pastel de manzana)

Para el glaseado de queso crema:
175 g/6 oz/¾ taza de queso crema con toda la grasa a temperatura ambiente
5 ml/1 cucharadita esencia de vainilla (extracto)
75 g/3 oz/½ taza de azúcar en polvo (glas), tamizada
15 ml/1 cucharada de jugo de limón recién exprimido

Para hacer el pastel, engrase un molde para microondas de 20 cm/8 de diámetro y cubra el fondo con papel de hornear antiadherente. Coloque las zanahorias y las nueces en una licuadora o procesador de alimentos y procese hasta que ambas estén picadas en trozos grandes. Transfiera a un tazón y mezcle los dátiles, el azúcar, los huevos, el aceite, la esencia de vainilla y la leche. Tamice los ingredientes secos, luego incorpórelos a la mezcla de zanahoria con un tenedor. Transferir al formulario preparado. Cubrir con film transparente (film) y cortar dos veces para que suelte el vapor. Cocine durante 6 minutos completos, volteando tres veces. Dejar reposar durante 15 minutos y luego desmoldar sobre una rejilla. Retire el papel. Cuando esté completamente frío, invierta en un plato.

Para el betún de queso crema, bata el queso hasta que quede suave. Agregue el resto de los ingredientes y bata hasta que quede suave. Extender espesamente sobre el pastel.

pastel de chirivía

8 porciones

Haga como un pastel de zanahoria, pero reemplace las zanahorias con 3 chirivías pequeñas.

Pastel de calabaza

8 porciones

Prepárelo como para el pastel de zanahoria, pero reemplace las zanahorias con calabaza pelada, dejando una rebanada mediana, que debe producir alrededor de 175 g/6 oz de pulpa de semillas. Reemplace el azúcar claro con azúcar moreno oscuro suave y especias mixtas (pastel de manzana) con pimienta de Jamaica.

Monitor de sarna escandinava

8 porciones

El cardamomo se usa a menudo en productos horneados escandinavos, y este pastel es un ejemplo típico del exotismo del hemisferio norte. Si tiene problemas para conseguir cardamomo molido, pruebe en su tienda local de comida étnica.

Para el pastel:
175 g/6 oz/1½ tazas de harina leudante (autoleudante)
2,5 ml/½ cucharadita de levadura en polvo
75 g/3 oz/2/3 taza de mantequilla o margarina a temperatura ambiente

75 g / 3 oz / 2/3 taza de azúcar morena suave y liviana
10 ml/2 cucharaditas de cardamomo molido
1 huevo
Leche fría

Para la salsa:
30ml/2 cucharadas de almendras fileteadas tostadas
30 ml/2 cucharadas de azúcar moreno blando claro
5 ml/1 cucharadita de canela molida

Cubra un plato hondo de 16,5 cm/6½ de diámetro con film transparente (envoltura de plástico) para que cuelgue ligeramente por el borde. Tamizar la harina y el polvo de hornear en un bol y frotar ligeramente con la mantequilla o margarina. Agregar azúcar y cardamomo. Rompa un huevo en una jarra medidora y diluya con leche a 150 ml/¼ pt/2/3 tazas. Con un tenedor, incorpore los ingredientes secos hasta que estén bien combinados, pero no los bata. Verter en el recipiente preparado. Mezclar los ingredientes del relleno y espolvorear sobre el bizcocho. Cubrir con film transparente y cortar dos veces para que suelte el vapor. Cocine por un total de 4 minutos, volteando dos veces. Deje reposar durante 10 minutos, luego levántelo con cuidado sobre la rejilla mientras sostiene la película adhesiva. Cuando el pastel se haya enfriado, retire con cuidado el papel de aluminio.

Pan de té de frutas

Hace 8 rebanadas

225 g/8 oz/1 1/3 tazas de frutas secas mixtas (mezcla para pastel de frutas)
100 g/3½ oz/½ taza de azúcar moreno suave oscuro
30 ml/2 cucharadas de té negro fuerte frío
100 g/4 oz/1 taza de harina de trigo integral con levadura (autoleudante)
5 ml/1 cucharadita de pimienta de Jamaica molida

1 huevo, temperatura ambiente, batido
8 almendras enteras, blanqueadas
30 ml/2 cucharadas de jarabe dorado (maíz claro)
Mantequilla, para engrasar

Cubra bien el fondo y los lados de una lata de soufflé de 15 cm/6 de diámetro con film transparente (envoltura de plástico) para que cuelgue ligeramente por los lados. Ponga la fruta, el azúcar y el té en un recipiente, cubra con un plato y cocine durante 5 minutos completos. Mezcle la harina, la pimienta de Jamaica y el huevo con un tenedor, luego vierta en el plato preparado. Distribuir las almendras por encima. Cubrir sin apretar con papel de cocina y hornear en Descongelar durante 8-9 minutos, hasta que el bizcocho haya subido bien y se separe del borde del molde. Deje reposar durante 10 minutos, luego transfiéralo a una rejilla mientras sostiene la película adhesiva. Caliente el jarabe en una taza en el modo Descongelar durante 1½ minutos. Retire la película de la torta y cepille la parte superior con el jarabe tibio. Servir en rodajas y untado con mantequilla.

Pastel de sándwich Victoria

8 porciones

175 g/6 oz/1½ tazas de harina leudante (autoleudante)
175 g/6 oz/¾ taza de mantequilla o margarina a temperatura ambiente
175 g / 6 oz / ¾ taza de azúcar fina (muy fina)
3 huevos, temperatura de cocina
45 ml/3 cucharadas de leche fría

45 ml/3 cucharadas de mermelada (enlatada)
120 ml / 4 fl oz / ½ taza doble (pesada) o crema batida, batida
Para espolvorear el tamiz de azúcar glas (repostería)

Cubra el fondo y los lados de dos platos poco profundos de 20 cm/8 de diámetro con film transparente (envoltura de plástico) para que cuelgue ligeramente por el borde. Tamizar la harina en un plato. Mezcle la mantequilla, la margarina y el azúcar hasta que la mezcla esté ligera y esponjosa y tenga la consistencia de crema batida. Batir los huevos uno a la vez, agregando 15 ml/1 cucharada a cada uno. de harina. Con una cuchara grande de metal, vierta alternativamente la harina restante con la leche. Divida uniformemente entre los platos preparados. Cubra sin apretar con papel de cocina. Cocine uno por uno en modo Full durante 4 minutos. Deje que se enfríe hasta que esté tibio, luego desmolde sobre una rejilla. Retire la película y deje enfriar por completo. Extienda mermelada y crema batida sobre el sándwich y espolvoree con azúcar en polvo antes de servir.

pastel de nuez

8 porciones

175 g/6 oz/1½ tazas de harina leudante (autoleudante)
175 g/6 oz/¾ taza de mantequilla o margarina a temperatura ambiente
5 ml/1 cucharadita esencia de vainilla (extracto)
175 g / 6 oz / ¾ taza de azúcar fina (muy fina)
3 huevos, temperatura de cocina
50 g/2 oz/½ taza de nueces, finamente picadas

45 ml/3 cucharadas de leche fría
2 cucharadas de glaseado de crema de mantequilla
16 mitades de nuez, para decorar

Cubra el fondo y los lados de dos platos poco profundos de 20 cm/8 de diámetro con film transparente (envoltura de plástico) para que cuelgue ligeramente por el borde. Tamizar la harina en un plato. Bate la mantequilla, la margarina, la esencia de vainilla y el azúcar hasta que quede suave y esponjoso y tenga la consistencia de la crema batida. Batir los huevos uno a la vez, agregando 15 ml/1 cucharada a cada uno. de harina. Con una cuchara grande de metal, rompa alternativamente las nueces en la leche con el resto de la harina. Divida uniformemente entre los platos preparados. Cubra sin apretar con papel de cocina. Hornee uno a la vez en el horno completo durante 4½ minutos. Deje que se enfríe hasta que esté tibio, luego desmolde sobre una rejilla. Retire la película y deje enfriar por completo. Empareda con la mitad del betún (glaseado) y coloca el resto encima del pastel.

Pastel de algarroba

8 porciones

Prepárelo como para el pastel de sándwich Victoria, pero sustituya 25 g/1 oz/¼ de taza de harina de maíz (fécula de maíz) y 25 g/1 oz/¼ de taza de polvo de algarroba por 50 g/2 oz/½ taza de harina. Sándwich con nata y/o fruta enlatada o fresca. Si lo desea, agregue 5 ml/1 cucharadita de esencia de vainilla (extracto) a los ingredientes de la crema.

Torta de chocolate sencilla

8 porciones

Prepárelo como para el pastel de sándwich Victoria, pero sustituya 25 g/1 oz/¼ de taza de harina de maíz (fécula de maíz) y 25 g/1 oz/¼ de taza de cacao en polvo (chocolate sin azúcar) por 50 g/2 oz/½ taza de harina. Sándwich con crema y/o crema de chocolate.

Tarta de almendras

8 porciones

Haga como en la sandwichera Victoria, pero reemplace la misma cantidad de harina con 40 g/1½ oz/3 cucharadas de almendras molidas. Sazone los ingredientes cremosos con 2,5-5 ml/½-1 cucharadita de esencia de almendras (extracto). Bocadillo con mermelada de albaricoque suave (lata) y una rodaja fina de mazapán (pasta de almendras).

Victoria Sándwich Gâteau

8 porciones

Haz Victoria como un pastel de sándwich u otra variación. Sándwich con crema o crema de mantequilla (glaseado) y/o mermelada (enlatada), crema de chocolate, mantequilla de maní, cuajada de naranja o limón, mermelada de naranja, relleno de frutas enlatadas, miel o mazapán (pasta de almendras). Extienda la crema o crema de mantequilla en la parte superior y los lados. Adorne con frutas frescas o enlatadas, nueces o grageas. Para que el pastel sea aún más sustancioso, corte cada capa horneada por la mitad antes de rellenar para hacer cuatro capas en total.

Galleta de té de jardín de infantes

Rinde 6 rebanadas

75 g / 3 oz / 2/3 taza de azúcar fina (muy fina)
3 huevos, temperatura de cocina
75 g/3 oz/¾ taza de harina normal (para todo uso)
90 ml/6 cucharadas. crema doble (pesada) o para batir, batida
45 ml/3 cucharadas de mermelada (enlatada)
Azúcar (ultrafina) azúcar para espolvorear

Cubra el fondo y los lados de una lata de soufflé de 18 cm/7 de diámetro con film transparente (envoltura de plástico) para que cuelgue ligeramente por el borde. Coloque el azúcar en un tazón y caliente sin tapar durante 30 segundos en el modo derretido. Batir los huevos y batir hasta que la mezcla se vuelva espumosa y espese a la consistencia de la crema batida. Cortar suave y ligeramente y agregar la harina con una cuchara de metal. No bata ni revuelva. Una vez que los ingredientes estén bien mezclados, vierta en la taza terminada. Cubrir sin apretar con papel de cocina y cocinar durante 4 minutos a máxima potencia. Deje reposar durante 10 minutos, luego transfiéralo a una rejilla mientras sostiene la película adhesiva. Cuando se haya enfriado, retira la película. Cortar por la mitad y poner en un sándwich con crema y mermelada. Espolvorear con azúcar en polvo antes de servir.

Bizcocho de limón

Rinde 6 rebanadas

Prepárelo de la misma manera que la galleta de té del jardín de infantes, pero justo antes de agregar la harina, agregue 10 ml/2 cucharaditas de ralladura de limón finamente rallada a la mezcla de huevo y azúcar calentada. Sándwich con crema de limón y crema.

Galleta de naranja

Rinde 6 rebanadas

Prepárelo de la misma manera que la galleta de té del jardín de infantes, pero agregue 10 ml/2 cucharaditas de cáscara de naranja finamente rallada a la mezcla de huevo y azúcar calentada justo antes de agregar la harina. Sándwich con crema de chocolate y crema.

pastel de espresso

8 porciones

250 g/8 oz/2 tazas de harina leudante (autoleudante)
15 ml/1 cucharada/2 paquetes de espresso instantáneo en polvo
125 g/4 oz/½ taza de mantequilla o margarina
125 g/4 oz/½ taza de azúcar moreno oscuro suave
2 huevos, temperatura ambiente

75 ml/5 cucharadas de leche fría

Cubra el fondo y los lados de una lata de soufflé de 18 cm/7 de diámetro con film transparente (envoltura de plástico) para que cuelgue ligeramente por el borde. Tamizar la harina y el café en polvo en un bol y frotar con mantequilla o margarina. Añade azucar. Bate bien los huevos y la leche, luego mézclalos con los ingredientes secos con un tenedor. Vierta en el molde preparado y cúbralo con papel de cocina. Hornee en el horno completo durante 6½ a 7 minutos, hasta que el pastel se haya levantado bien y comience a separarse del borde de la sartén. Deje reposar durante 10 minutos. Colócalo sobre la rejilla mientras sujetas el film transparente. Cuando esté completamente frío, retire la película adhesiva y coloque el pastel en un recipiente hermético.

Pastel de café espresso con helado de naranja

8 porciones

Haz un pastel de espresso. Aproximadamente 2 horas antes de servir, haga un glaseado espeso (glaseado) mezclando 175 g/6 oz/1 taza de azúcar en polvo (repostería) con suficiente jugo de naranja para hacer un glaseado similar a una pasta. Extender sobre la torta, luego decorar con chocolate rallado, nueces picadas, cientos y miles, etc.

Pastel de crema de café expreso

8 porciones

Prepara el bizcocho espresso y córtalo en dos capas. Bate 300 ml/½ pt/1¼ taza de crema doble (pesada) con 60 ml/4 cucharadas de leche fría hasta que espese. Endulce con 45 ml/3 cucharadas de azúcar en polvo y sazone con espresso en polvo al gusto. Apile algunas de las capas y distribuya el resto de manera gruesa en la parte superior y los lados del pastel. Espolvorear con avellanas.

Pasteles de taza de pasas

hace 12

125 g/4 oz/1 taza de harina leudante (autoleudante)
50 g/2 oz/¼ taza de mantequilla o margarina
50 g / 2 oz / ¼ taza de azúcar fina (muy fina)
30 ml/2 cucharadas de pasas
1 huevo
30 ml/2 cucharadas de leche fría

2,5 ml/½ cucharadita de esencia de vainilla (extracto)
Azúcar glas (dulce) para espolvorear

Tamizar la harina en un bol y frotar ligeramente con mantequilla o margarina. Agregue azúcar y pasas. Batir el huevo con la leche y la esencia de vainilla y mezclar con un tenedor a los ingredientes secos sin batir hasta que se forme una masa suave. Divida en 12 moldes para pasteles de papel (papel para magdalenas) y coloque seis en un plato giratorio apto para microondas. Cubra sin apretar con papel de cocina. Cocine hasta que esté listo durante 2 minutos. Transfiera a una rejilla para enfriar. Cuando se enfríe, espolvorear con azúcar en polvo tamizada. Almacenar en un recipiente hermético.

Pastelitos de coco

hace 12

Prepárelo como para las tortas de pasas, pero reemplace las pasas con 25 ml/1½ cucharadas de coco deshidratado (rallado) y aumente la leche en 25 ml/1½ cucharadas.

pasteles de chocolate

hace 12

Haga como un pastelito de pasas, pero reemplace las pasas con 30 ml/2 cucharadas de chispas de chocolate.

Pastel de plátano y especias

8 porciones

3 plátanos maduros grandes
175 g / 6 oz / ¾ taza de margarina / relleno blanco (manteca vegetal),
a temperatura ambiente
175 g/6 oz/¾ taza de azúcar moreno oscuro suave
10 ml/2 cucharaditas de levadura en polvo
5 ml/1 cucharadita de pimienta de Jamaica molida

225 g / 8 oz / 2 tazas de harina integral malteada, como la de trigo sarraceno
1 huevo grande, batido
15 ml / 1 cucharada de nueces picadas
100 g/4 oz/2/3 taza de dátiles picados

Cubra bien el fondo y los lados de una lata de soufflé de 20 cm/8 de diámetro con film transparente (envoltura de plástico) para que cuelgue ligeramente por el borde. Pelar los plátanos y triturarlos bien en un bol. Vierta ambas grasas. Agregue el azúcar. Agregue el polvo de hornear y la pimienta de Jamaica a la harina. Con un tenedor, mezcle el huevo, las nueces y los dátiles en la mezcla de plátano. Extender uniformemente en el plato preparado. Cubra sin apretar con papel de cocina y cocine en el horno durante 11 minutos, girando la sartén tres veces. Deje reposar durante 10 minutos. Colócalo sobre la rejilla mientras sujetas el film transparente. Deje enfriar por completo, luego retire la película adhesiva y guarde el pastel en un recipiente hermético.

Pastel de especias de plátano con piña

8 porciones

Haz el pastel de especias de plátano. Aproximadamente 2 horas antes de servir, cubra el pastel con un glaseado espeso hecho al tamizar 175 g/6 oz/1 taza de azúcar en polvo (glas) en un tazón y mezcle con unas gotas de jugo de piña para hacer un glaseado similar a una pasta. Una vez listo, decora con chips de plátano deshidratado.

glaseado de crema de mantequilla

Capacidad para 225 g / 8 oz / 1 taza

75 g/3 oz/1/3 taza de mantequilla, a temperatura ambiente
175 g / 6 oz / 1 taza de azúcar en polvo (glas), tamizada
10 ml/2 cucharaditas de leche fría
5 ml/1 cucharadita esencia de vainilla (extracto)
Azúcar glas (glas) azúcar para espolvorear (opcional)

Batir la mantequilla hasta que esté suave y esponjosa, luego batir gradualmente el azúcar hasta que esté suave, esponjosa y duplicada. Mezcla la leche y la esencia de vainilla y bate el betún (glaseado) hasta que quede suave y espeso.

Glaseado de dulce de chocolate

Rinde 350 g / 12 oz / 1½ tazas

Glaseado estilo americano (vaso), que es útil para cubrir cualquier pastel común.

30 ml/2 cucharadas de mantequilla o margarina
60 ml/4 cucharadas de leche
30 ml/2 cucharadas de cacao (chocolate sin azúcar) en polvo

5 ml/1 cucharadita esencia de vainilla (extracto)
300 g/10 oz/1 2/3 tazas de azúcar en polvo (repostería), tamizada

En un bol colocar la mantequilla o margarina, la leche, el cacao y la esencia de vainilla. Cocine en modo de descongelación, sin tapar, durante 4 minutos hasta que se caliente por completo y la grasa se haya derretido. Agregue azúcar en polvo tamizada hasta que la crema esté suave y bastante espesa. Usar inmediatamente.

Cuñas de salud fetal

Hace 8

100 g/3½ oz flores de manzano secas
75 g/3 oz/¾ taza de harina de trigo integral con levadura (autoleudante)
75 g/3 oz/¾ taza de copos de avena
75 g / 3 oz / 2/3 taza de margarina
75 g/3 oz/2/3 taza de azúcar moreno oscuro suave

6 ciruelas de California, picadas

Remoje las flores de manzana en agua durante la noche. Cubra bien el fondo y los lados de un plato poco profundo de 18 cm/7 de diámetro con film transparente (plástico) para que cuelgue ligeramente por el borde. Poner la harina y la avena en un bol, añadir la margarina y frotar suavemente con la yema de los dedos. Agregue el azúcar para formar una mezcla similar a una miga. Extienda la mitad en el fondo del plato preparado. Escurrir y picar las flores de manzano. Presiona suavemente la mezcla de avena sobre las ciruelas. Espolvorea el resto de la mezcla de avena de manera uniforme sobre la parte superior. Cocine sin tapar a fuego máximo durante 5½-6 minutos. Deje que el recipiente se enfríe por completo. Retire del film transparente, luego despegue el film transparente y córtelo en rodajas. Almacenar en un recipiente hermético.

Rodajas de frutas enteras con albaricoques

Hace 8

Prepárese para jugosas cuñas de salud, pero

sustituir las ciruelas por 6 albaricoques secos bien lavados.

Pastel de césped

Hace 12 cuñas

225 g/8 oz/1 taza de mantequilla sin sal (dulce), a temperatura ambiente
125 g / 4 oz / ½ taza de azúcar fina (muy fina) y extra para espolvorear
350 g/12 oz/3 tazas de harina normal (para todo uso)

Engrasar y forrar un plato hondo de 20cm/8. Batir la mantequilla y el azúcar hasta que esté suave y esponjoso, luego mezclar la harina hasta que quede suave. Extienda uniformemente en el plato preparado y pinche con un tenedor. Cocine sin tapar en modo de descongelación durante 20 minutos. Retire del microondas y espolvoree con 15 ml/1 cucharada. azúcar en polvo. Cortar en 12 rebanadas mientras aún está ligeramente caliente. Transfiera con cuidado a una rejilla y deje que se enfríe por completo. Almacenar en un recipiente hermético.

Tarta de masa supercrujiente

Hace 12 cuñas

Prepárelo como para la masa quebrada, pero reemplace 25 g/1 oz/¼ de taza de sémola (corteza de trigo) con 25 g/1 oz/¼ de taza de harina.

Tarta de masa muy blanda

Hace 12 cuñas

Prepárelo como para la torta dulce, pero reemplace 25 g/1 oz/¼ de taza de harina de maíz (fécula de maíz) con 25 g/1 oz/¼ de taza de harina.

Pastel picante

Hace 12 cuñas

Prepárelo como para la masa quebrada, pero agregue 10 ml/2 cucharaditas de harina mixta (pastel de manzana) especiada.

pastelería al estilo holandés

Hace 12 cuñas

Prepárelo como para la masa quebrada, pero reemplace la harina normal con harina con levadura (auto-leudante) y tamice 10 ml/2 cucharaditas de canela molida en la harina. Antes de hornear, cepille la parte superior con 15-30ml/1-2 cucharadas de crema, luego presione suavemente sobre las almendras rebanadas (picadas) ligeramente tostadas.

bolas de canela

Hace 20

Un plato de Pesaj, una combinación de una galleta (galleta) y un pastel, que parece comportarse mejor en el microondas que en el horneado normal.

2 claras de huevo grandes
125 g/4 oz/½ taza de azúcar fina (muy fina)
30 ml/2 cucharadas de canela molida
225 g/8 oz/2 tazas de almendras molidas
Azúcar en polvo tamizada (repostería).

Batir las claras de huevo hasta que estén espumosas, luego mezclar con el azúcar, la canela y las almendras. Forme 20 bolas con las manos mojadas. Coloque en dos anillos, uno dentro del otro, alrededor del borde de un plato plano grande. Cocine sin tapar a fuego máximo durante 8 minutos, girando la placa cuatro veces. Enfríe hasta que esté tibio, luego enrolle en azúcar en polvo hasta que cada uno esté muy cubierto. Dejar enfriar por completo y guardar en un recipiente hermético.

Caños dorados de coñac

Hace 14

Bastante duros de la manera habitual, funcionan como un sueño en el microondas.

50 g / 2 oz / ¼ taza de mantequilla
50 g/2 oz/1/6 taza de jarabe dorado (maíz claro)
40 g/1½ oz/3 cucharadas de azúcar granulada dorada
40 g/1½ oz/1½ cucharadas de harina integral malteada, por ejemplo, Grain Store
2,5 ml/½ cucharadita de jengibre molido
150 ml / ¼ pt / 2/3 taza doble (pesada) o crema batida, batida

Ponga la mantequilla en un bol y derrita sin tapar durante 2-2,5 minutos. Agregue el almíbar y el azúcar y mezcle bien. Cocine sin tapar a fuego máximo durante 1 minuto. Agregue la harina y el jengibre. Coloque cuatro mezclas de 5 ml/1 cucharadita muy próximas entre sí directamente en un plato giratorio de plástico o de vidrio para microondas. Cocine a fuego alto durante 1½ a 1¾ minutos, hasta que las piezas de brandy comiencen a dorarse y se vean como encajes. Retire con cuidado el plato giratorio del microondas y deje reposar la(s) galleta(s) durante 5 minutos. Retire cada uno a su vez con una espátula. Envuelva el mango de una cuchara grande de madera. Pellizque las articulaciones con las yemas de los dedos y empújelas en el recipiente de una cuchara. Repita con las tres galletas restantes. Cuando estén congelados, retírelos del asa y transfiéralos a una rejilla para enfriar. Repita hasta que se agote el resto de la mezcla. Almacenar en un recipiente hermético.

Bocadillos de marca de chocolate

Hace 14

Prepárate como Golden Brandy Snaps. Antes de verter la crema, colóquela en una bandeja para hornear y cubra la superficie superior con chocolate negro o blanco derretido. Deje reposar, luego vierta la crema.

bollos

Hace alrededor de 8

Un cruce entre un bollo y un bollo: una delicia excepcionalmente ligera y sabrosa, que se come caliente, untada con mantequilla y mermelada (enlatada) o miel de brezo.

225 g/8 oz/2 tazas de harina de trigo integral
5 ml/1 cucharadita de crema tártara
5 ml/1 cucharadita de bicarbonato de sodio (bicarbonato de sodio)
1,5 ml / ¼ de cucharadita de sal
20 ml/4 cucharaditas de azúcar granulada
25 g / 1 oz / 2 cucharadas de mantequilla o margarina
150 ml / ¼ pt / 2/3 taza de suero de leche, o sustituya la mitad por yogur natural y la mitad por leche entera si no está disponible
Huevo batido para rebozar
Para espolvorear, agregue otros 5 ml/1 cucharadita de azúcar mezclada con 2,5 ml/½ cucharadita de canela molida

Tamizar la harina, la nata, el bicarbonato de sodio y la sal en un bol. Agregue azúcar y frote finamente la mantequilla o margarina. Agregue suero de leche (o suero de leche) y mezcle con un tenedor hasta obtener una masa bastante suave. Transfiera a una superficie enharinada y amase rápida y fácilmente hasta obtener una masa suave. Enrolle uniformemente hasta obtener un grosor de 1 cm/½, luego córtelo en círculos de 5 cm/2 con un cortador de galletas. Voltee las decoraciones y continúe cortando en círculos. Coloque un borde de 25 cm/10 enmantequillado en un plato plano. Pintar con huevo y espolvorear con la mezcla de azúcar y canela. Cocine sin tapar durante

4 minutos, volteando la bandeja cuatro veces. Deje reposar durante 4 minutos, luego transfiéralo a una rejilla. Come tibio.

Scones de muffin de pasas

Hace alrededor de 8

Prepárelos como bollos para muffins, pero agregue 15 ml/1 cucharada de pasas con azúcar.

Pan

Cualquier líquido que se use en el pan de levadura debe estar tibio, ni caliente ni frío. La mejor manera de lograr la temperatura correcta es mezclar la mitad de un líquido hirviendo con la mitad de un líquido frío. Si aún se siente caliente cuando sumerge el otro dedo meñique, déjelo enfriar un poco antes de usarlo. El líquido que está demasiado caliente es más problemático que el que está demasiado frío, ya que puede matar la levadura y evitar que el pan suba.

masa de pan basica

hace 1 pan

Masa de pan rápida para los que les gusta hornear pero no tienen tiempo.

450 g / 1 lb / 4 tazas de harina fuerte normal (de pan)
5 ml/1 cucharadita de sal
1 paquete de levadura seca fácil de mezclar
30 ml/2 cucharadas de mantequilla, margarina, grasa blanca (manteca vegetal) o manteca de cerdo
300 ml/½ pt/1¼ taza de agua tibia

Tamizar la harina y la sal en un bol. Tibio, descubierto, descongelado 1 minuto. Agregue la levadura y frote la grasa. Mezclar con agua para formar una masa. Amasar sobre una superficie enharinada hasta que quede suave, elástica y no pegajosa. Regrese al tazón limpio y seco pero ahora ligeramente engrasado. Cubrir el bol mismo, no la masa, con film transparente (film) y cortar dos veces para permitir que escape el vapor. Caliente de nuevo, descongelando, durante 1 minuto. Reposar en el microondas durante 5 minutos. Repita tres o cuatro veces hasta que la masa haya duplicado su tamaño. Amasar rápidamente, luego usar en recetas regulares o en las recetas de microondas a continuación.

Masa básica de pan integral

hace 1 pan

Siga la receta básica de masa de pan blanco, pero use uno de los siguientes en lugar de harina de trigo integral (regular):

- harina mitad blanca y mitad integral
- harina de trigo integral
- mitad harina integral malteada y mitad harina blanca
-

Masa básica de pan de leche

hace 1 pan

Siga la receta básica de masa de pan, pero use uno de los siguientes en lugar de agua:

- leche entera desnatada
- leche mitad crema y mitad agua

pan de pan

hace 1 pan

Un pan pálido y de corteza blanda que se come más en el norte de Gran Bretaña que en el sur.

Haga masa de pan blanco normal, masa de pan integral normal o masa de pan lácteo básica. Después de la primera subida, amase rápida y ligeramente, luego forme un círculo de unos 5 cm/2 de grosor. Colocar en una placa plana redonda engrasada y enharinada. Cubrir con papel de cocina y calentar durante 1 minuto en Descongelar. Dejar reposar durante 4 minutos. Repita tres o cuatro veces hasta que la masa haya duplicado su tamaño. Espolvorear con harina blanca o marrón. Cocine sin tapar a fuego máximo durante 4 minutos. Dejar enfriar sobre una rejilla.

panecillos

Hace 16

Haga masa de pan blanco normal, masa de pan integral normal o masa de pan lácteo básica. Después de la primera subida, amase rápida y fácilmente, luego divida en 16 partes. Forma círculos planos. Coloque ocho piezas en dos bordes engrasados y enharinados del plato. Cubra con papel de cocina y cocine de uno en uno en Descongelar durante 1 minuto, luego deje por 4 minutos y repita tres o cuatro veces hasta que los rollos hayan duplicado su tamaño. Espolvorear con harina blanca o marrón. Cocine sin tapar a fuego máximo durante 4 minutos. Dejar enfriar sobre una rejilla.

Panes de hamburguesa

hace 12

Prepare como para Bap Rolls, pero divida la masa en 12 porciones en lugar de 16. Coloque seis rollos a los lados de dos bandejas para hornear y cocine según las instrucciones.

Rollos de frutas dulces

Hace 16

Prepárelo como Bap Rolls, pero agregue 60 ml/4 cucharadas de pasas y 30 ml/2 cucharadas de azúcar en polvo a los ingredientes secos antes de mezclarlos con el líquido.

Distrito de Cornualles

Hace 16

Prepárelo como Bap Rolls, pero no enharine la parte superior antes de hornear. Cuando se enfríe, cortar por la mitad y rellenar con nata o nata y mermelada de fresa o frambuesa (enlatada). Espolvoree abundantemente las tapas con azúcar glas tamizada (repostería). Comer el mismo día.

Hermosos rollos

Hace 16

Haga masa de pan blanco normal, masa de pan integral normal o masa de pan lácteo básica. Después de la primera subida, amase rápida y fácilmente, luego divida en 16 partes. Forme estas cuatro piezas en rollos redondos y corte una hendidura en la parte superior de cada uno. Tuerza una cuerda de 20 cm/8 de largo de las cuatro partes y haga un nudo. Forme cuatro bollos de Viena pequeños y haga tres cortes diagonales en cada uno. Divida las cuatro partes restantes en tres, gire con cuerdas estrechas y trence. Coloque todos los rollos en una bandeja para hornear enmantequillada y enharinada y manténgalos calientes hasta que hayan duplicado su tamaño. Cepille la parte superior con huevo y hornee como de costumbre a 230 °C/450 °F/nivel de gas 8 durante 15-20 minutos. Retirar del horno y colocar los rollos sobre la rejilla. Almacenar en un recipiente frío y hermético.

rollos con accesorios

Hace 16

Haz rollos elegantes. Después de cubrir los panecillos con huevo, espolvorear: semillas de amapola, semillas de sésamo tostadas, semillas de hinojo, papilla de avena, trigo triturado, queso duro rallado, sal marina gruesa, sales aromáticas para condimentar.

pan de comino

hace 1 pan

Prepare la masa de pan básica agregando 10-15 ml/2-3 cucharaditas de comino a los ingredientes secos antes de mezclarlos con el líquido. Amasar ligeramente después de la primera subida, luego formar una bola. Coloque en un plato redondo engrasado de 450 ml/¾ pt/2 tazas con lados iguales. Cubrir con papel de cocina y calentar durante 1 minuto en Descongelar. Dejar reposar durante 4 minutos. Repita tres o cuatro veces hasta que la masa haya duplicado su tamaño. Cepille la parte superior con huevo batido y espolvoree con sal gruesa y/o comino adicional. Cubra con papel de cocina y cocine en la sartén durante 5 minutos, dando vuelta una vez. Cocine por otros 2 minutos a fuego máximo. Dejar durante 15 minutos y luego desmoldar con cuidado sobre una rejilla.

pan de centeno

hace 1 pan

Haga una masa de pan integral usando la mitad de harina de trigo integral y la mitad de harina de centeno. Hornea como un pan Bap.

pan de aceite

hace 1 pan

Hacer una masa básica de pan o una masa básica de pan integral, pero sustituir la otra grasa por aceite de oliva, nuez o avellana. Si la masa está pegajosa, agregue un poco de harina. Hornear como un pan.

pan italiano

hace 1 pan

Haga la masa de hojaldre básica, pero reemplace la otra grasa con aceite de oliva y agregue 15 ml/1 cucharada de pesto rojo y 10 ml/2 cucharadita de puré de tomate secado al sol (pasta) a los ingredientes secos antes de mezclarlos con el líquido. Hornee como un Bap Loaf, tomando 30 segundos adicionales.

pan español

hace 1 pan

Haga una masa básica, pero reemplace la otra grasa con aceite de oliva y agregue 30 ml / 2 cucharadas de cebolla seca y 12 aceitunas rellenas picadas a los ingredientes secos antes de mezclar con el líquido. Hornee como un Bap Loaf, tomando 30 segundos adicionales.

Pan tikka masala

hace 1 pan

Haga una masa de hojaldre básica, pero reemplace la otra grasa con manteca derretida o aceite de maíz y agregue 15 ml/1 cucharada de mezcla de especias tikka y 5 vainas de cardamomo verde a los ingredientes secos antes de mezclarlos con el líquido. Hornee como un Bap Loaf, tomando 30 segundos adicionales.

Pan de malta afrutado

Hace 2 panes

450 g / 1 lb / 4 tazas de harina fuerte normal (de pan)
10 ml / 2 cucharaditas de sal
1 paquete de levadura seca fácil de mezclar
60 ml/4 cucharadas. grosellas mixtas y pasas
60 ml/4 cucharadas de extracto de malta
15 ml/1 cucharada de melaza negra
25 g / 1 oz / 2 cucharadas de mantequilla o margarina
45 ml/3 cucharadas de leche desnatada tibia
150 ml / ¼ pt / 2/3 taza de agua tibia
Mantequilla, para engrasar

Tamizar la harina y la sal en un bol. Añadir levadura y frutos secos. En un tazón pequeño, mezcle el extracto de malta, la melaza y la mantequilla o margarina. Descongele, sin tapar, en modo descongelar durante 3 minutos. Agregue leche y suficiente agua a la harina para hacer una masa suave pero no pegajosa. Amasar sobre una superficie enharinada hasta que quede suave, elástica y no pegajosa. Dividir en dos partes iguales. Forme cada uno para que quepa en una lata redonda o rectangular engrasada de 900 ml/1½ pt/3¾ taza. Cubra el plato con film transparente (película de plástico) en lugar de masa y córtelo dos veces para que suelte el vapor. Descongelar por 1 minuto. Dejar reposar durante 5 minutos. Repita tres o cuatro veces hasta que la masa haya duplicado su tamaño. Retire la película adhesiva. Coloque los platos uno al lado del otro en el microondas y cocine sin tapar durante 2 minutos. Voltee los platos y cocine por otros 2 minutos. Repite otra vez. Deje reposar durante 10 minutos. Voltear sobre la parrilla. Almacenar en un recipiente hermético cuando esté completamente frío. Dejar durante 1 día antes de rebanar y untar con mantequilla.

Pan de soda Irlandes

Rinde 4 panes pequeños

200 ml / 7 fl oz / escasa 1 taza de suero de leche o 60 ml / 4 cucharadas de leche descremada y yogur natural

75 ml/5 cucharadas de crema de leche

350 g/12 oz/3 tazas de harina integral

125 g/4 oz/1 taza de harina normal (para todo uso)

10 ml/2 cucharaditas de bicarbonato de sodio (bicarbonato de sodio)

5 ml/1 cucharadita de crema tártara

5 ml/1 cucharadita de sal

50 g/2 oz/¼ taza de mantequilla, margarina o manteca blanca (manteca)

Engrase bien una bandeja para hornear de 25 cm/10. Mezcle suero de leche o suero de leche y leche. Tamizar la harina integral en un bol y tamizar la harina normal, el bicarbonato de sodio, la ralladura de vino y la sal. Frote la grasa finamente. Agregue el líquido de una vez y mezcle con un tenedor hasta que se forme una masa suave. Amasar rápidamente con las manos enharinadas hasta que quede suave. Haz un círculo de 18 cm/7. Mover al centro del plato. Corte una cruz profunda en la parte superior con la punta de un cuchillo, luego espolvoree ligeramente con harina. Cubra sin apretar con papel de cocina y cocine a fuego máximo durante 7 minutos. El pan sube y se unta. Deje reposar durante 10 minutos. Usando una cortadora de pescado, levante el plato y colóquelo en la parrilla. Cuando se haya enfriado, dividir en cuatro partes. Guárdelo en un recipiente hermético hasta por 2 días solamente, ya que este tipo de pan se come mejor fresco.

Pan de soda con salvado

Rinde 4 panes pequeños

Haga como el pan de soda irlandés, pero agregue 60 ml/4 cucharadas de salvado grueso antes de mezclarlo con el líquido.

Revive el pan duro

Coloque los panes o bollos en una bolsa de papel marrón o colóquelos entre los pliegues de una toalla limpia (paño de cocina) o mantel. Caliente en el modo Descongelar hasta que la superficie del pan esté ligeramente tibia. Come ahora y no repitas lo mismo con el pan sobrante.

pita griega

Hace 4 panes

Preparar la masa de hojaldre básica. Dividir en cuatro porciones iguales y aplanar suavemente hasta formar una bola. Enrolle en óvalos, cada uno de 30 cm/12 pulgadas de largo en el centro. Espolvorear ligeramente con harina. Humedecer los bordes con agua. Dobla cada uno por la mitad, llevando el borde superior sobre el inferior. Pellizque bien los bordes para asegurar. Coloque en una bandeja para hornear enmantequillada y enharinada. Hornee inmediatamente en un horno convencional a 230ºC/450ºF/gas marca 8 durante 20-25 minutos, hasta que los panes estén bien subidos y dorados. Dejar enfriar sobre una rejilla. Deje enfriar, luego rebane y coma con salsas griegas y otros alimentos.

Cerezas en gelatina en puerto

Para 6

750 g/1½ lb de guindas enlatadas (sin hueso) en almíbar ligero, escurridas y reservadas para almíbar
15 ml/1 cucharada gelatina en polvo
45 ml/3 cucharadas de azúcar granulada
2,5 ml/½ cucharadita de canela molida
puerto leonado
Crema doble (espesa), batida y condimentos mixtos (pastel de manzana), para decorar

Vierta 30 ml/2 cucharadas de jarabe en una jarra medidora grande. Agregue la gelatina y deje que se ablande durante 2 minutos. Cubrir con un plato y descongelar durante 2 minutos en Descongelar. Revuelva para disolver la gelatina. Mezcle el jarabe de cereza restante, el azúcar y la canela. Llene con puerto hasta 450 ml / ¾ pt / 2 tazas.

Tape como antes y caliente durante 2 minutos completos, revolviendo tres veces, hasta que el líquido esté tibio y el azúcar se haya disuelto. Verter en un fregadero de 1,25 litros y dejar enfriar. Cubra y refrigere hasta que la gelatina comience a espesarse y se dore ligeramente alrededor de los lados del tazón. Dobla las cerezas y divide entre seis postres. Refrigere hasta que cuaje por completo. Antes de servir, decorar con crema y espolvorear con especias mixtas.

Gelatina en sidra de cereza

Para 6

Haga como el oporto en gelatina, pero en lugar de vino, sustituya la sidra seca fuerte y la canela por 5 ml/1 cucharadita de piel de naranja rallada.

piña caliente

8 porciones

225 g / 8 oz / 1 taza de azúcar granulada (muy granulada)
150 ml / ¼ pt / 2/3 taza de agua fría
1 piña fresca grande
6 dientes enteros
5 cm/2 piezas de palitos de canela
1,5 ml/¼ de cucharadita de nuez moscada rallada
60 ml/4 cucharadas de jerez medio seco
15 ml/1 cucharada de ron oscuro
Galletas (galletas), servidas

Vierta el azúcar y el agua en un recipiente de 2,5 litros y mezcle bien. Cubra con un plato grande invertido y cocine hasta que tenga una consistencia de jarabe durante 8 minutos. Mientras tanto, pela y descorazona la piña y quita los "ojos" con la punta de un pelador de papas. Cortar, luego cortar. Verter en el almíbar con el resto de los ingredientes. Cubrir con film transparente (film) y cortar dos veces para que suelte el vapor. Hornee en el horno durante 10 minutos, girando la sartén tres veces. Deje reposar durante 8 minutos antes de servir con galletas de mantequilla crujientes.

Frutas calientes de Sharon

8 porciones

Prepárelo como si fuera piña caliente, pero reemplace la piña con 8 cuartos de fruta Sharon. Luego de agregar al almíbar con los demás ingredientes, cuece el Pleno por solo 5 minutos. Agregue brandy en lugar de ron.

duraznos calientes

8 porciones

Prepárelo como para la piña caliente, pero reemplace la piña con 8 duraznos grandes, cortados por la mitad (sin hueso). Luego de agregar al almíbar con los demás ingredientes, cuece el Pleno por solo 5 minutos. Use licor de naranja en lugar de ron.

peras rosas

Para 6

450 ml / ¾ pt / 2 tazas de vino rosado
75 g/3 oz/1/3 taza de azúcar granulada (muy granulada)
6 peras de postre, sin tallos
30 ml/2 cucharadas de harina de maíz (fécula de maíz)
45 ml/3 cucharadas de agua fría
45 ml / 3 cucharadas de oporto leonado

Vierta el vino en un recipiente hondo lo suficientemente grande como para cubrir todas las peras en una sola capa por los lados. Añadir el azúcar y mezclar bien. Cocine sin tapar a fuego máximo durante 3 minutos. Mientras tanto, pelar las peras, con cuidado de no perder los rabos. Coloque sus lados en la mezcla de vino y azúcar. Cubrir con film transparente (film) y cortar dos veces para que suelte el vapor. Cocine hasta que esté listo durante 4 minutos. Voltee las peras con dos cucharas. Cubra como antes y cocine en Full por otros 4 minutos. Dejar reposar durante 5 minutos. Coloque en posición vertical en un plato para servir. Para espesar la salsa, mezcle la harina de maíz con agua hasta que quede suave y mezcle. Revuelva en la mezcla de vino. Cocine, sin tapar, a fuego máximo durante 5 minutos, revolviendo vigorosamente cada minuto, hasta que espese un poco y se vuelva translúcido.

pudín de Navidad

Rinde 2 postres, 6-8 porciones

65 g/2½ oz de harina normal (para todo uso)
15 ml/1 cucharada de cacao (chocolate sin azúcar) en polvo
10 ml/2 cucharaditas de especias mixtas (pastel de manzana) o especias molidas
5 ml/1 cucharadita de cáscara de naranja o mandarina rallada
75 g/3 oz/1½ tazas de pan rallado integral fresco
125 g/4 oz/½ taza de azúcar moreno oscuro suave
450 g/1 lb/4 tazas de frutas secas mixtas (mezcla de pastel de frutas) con crema
125 g / 4 oz / 1 taza de papilla rallada (vegetariana si lo desea)
2 huevos grandes, temperatura ambiente
15 ml/1 cucharada de melaza negra
60 ml/4 cucharadas Guinness
15 ml/1 cucharada de leche

Engrase generosamente dos tazones de budín de 900 ml/1½ pt/3¾ taza. Tamizar la harina, el cacao y las especias en un bol grande. Añada la nata, el pan rallado, el azúcar, la fruta y el suero de leche. En un recipiente aparte, mezcle los huevos, la melaza, la Guinness y la leche. Mezclar con los ingredientes secos con un tenedor para formar una masa suave. Divida equitativamente entre cuencas preparadas. Cubrir cada uno sin apretar con papel de cocina. Cocine uno a la vez en modo completo durante 4 minutos. Dejar en el microondas durante 3 minutos. Hornee cada budín en modo completo durante otros 2 minutos. Retire de los recipientes cuando se enfríe. Cuando esté frío, envuélvalo en papel resistente a la grasa (encerado) de doble grosor y congélelo hasta que lo necesite. Para servir, descongele completamente, corte en porciones y caliente individualmente en platos durante 50-60 segundos.

o budín de ciruelas

Rinde 2 postres, 6-8 porciones

Haga como el pudín de Navidad, pero reemplace el brownie con 125 g/4 oz/½ taza de mantequilla derretida.

Budín de ciruelas con aceite

Rinde 2 postres, 6-8 porciones

Prepárelo como un budín de Navidad, pero reemplace el salvado con 75 ml/5 cucharadas de aceite de girasol o de maíz. Agregue otros 15ml/1 cucharada de leche.

www.ingramcontent.com/pod-product-compliance
Lightning Source LLC
Chambersburg PA
CBHW071239080526
44587CB00013BA/1690